27
L. n. 15691.

AF247812

AFFAIRE PAMARD.

TRIBUNAL CORRECTIONNEL DE LA SEINE

(6ᵉ CHAMBRE).

M. LE DOCTEUR PAMARD

CONTRE

les journaux le COURRIER DU DIMANCHE, le CHARIVARI
et la GAZETTE DE FRANCE.

(Extrait de L'INDÉPENDANCE BELGE*)*.

Prix : 50 Centimes.

BRUXELLES,

EN VENTE CHEZ TOUS LES LIBRAIRES.

1862

AFFAIRE PAMARD.

TRIBUNAL CORRECTIONNEL DE LA SEINE (6ᵉ chambre),

PRÉSIDENCE DE M. SALMON.

M. le Dʳ PAMARD CONTRE LES JOURNAUX LE **Courrier du Dimanche**, LE **Charivari** ET LA **Gazette de France.**

Audience du 7 janvier.

Mᵉ **MATHIEU**, avocat de M. Pamard, prend à la barre des conclusions tendant à la condamnation de MM. Louis Ulbach, Clément Caraguel, Laurent Lapp, comme gérant du *Courrier du Dimanche*, Louis Huart, comme gérant du *Charivari*, et Aubry Foucault, comme gérant de la *Gazette de France*, à 50,000 francs de dommages-intérês envers M. Pamard et à l'insertion du jugement à intervenir dans chaque journal précité, dans cinq journaux de Paris, dans le *Moniteur*, le *Mémorial de Vaucluse* et dans un journal de chacune des villes de Marseille, Lyon et Montpellier.

L'avocat annonce que M. Pamard est dans l'impossibilité de se présenter personnellement à l'audience. Le jour même où a paru l'article du *Courrier du Dimanche* qui le concernait, il a été frappé d'une attaque de paralysie : c'est ce que constate un certificat signé de deux médecins d'Avignon, dont Mᵉ Mathieu donne lecture au tribunal.

Mais M. Pamard ne veut pas inspirer la pitié : il réclame justice d'une calomnie odieuse dont il est l'objet.

Qu'est-ce que M. Pamard, quelle est sa famille, sa situation sociale, par quels travaux, par quels titres il a conquis la haute position qu'il occupe dans le corps médical, le grade d'officier de la Légion d'honneur, les fonctions municipales et politiques qu'il doit aux suffrages de ses concitoyens, — c'est ce que l'avocat expose en lisant à l'appui une lettre développée émanée de M. Pamard lui-même.

A défaut de cette lettre, que nous n'avons pu nous procurer, nous citons ici un passage de l'assignation qui reproduit la majeure partie des renseignements et des faits invoqués par M. Pamard.

On y expose :

« Que M. Pamard père, Jean-Baptiste-Antoine Bénézet, né à Avignon, le 11 avril 1763, a été reçu maître ès-chirurgie par l'université d'Avignon, le 13 février 1782 : nommé chirurgien en chef des hôpitaux de cette ville, le 27 avril 1793, et couronné par l'Académie de chirurgie de Paris, le 18 avril de cette année ;

» Que peu de temps après, par décret de la Convention, en date des 8 et 14 août 1793, cette Académie a été supprimée ;

» Que le 20 décembre 1820 une ordonnance du Roi constitua et organisa l'Académie royale de médecine ;

» Qu'en juillet 1825, l'Académie royale s'occupa de choisir, conformément à cette ordonnance, les membres adjoints résidant en province ;

» Qu'elle nomma 400 titulaires : 200 dans la section de médecine, 200 dans la section de chirurgie, et que le 5 juillet l'élection comprit 179 titulaires ;

» Qu'à cette époque, M. Pamard père était, comme le fait justement remarquer *l'Indépendance belge*, une des illustrations médicales du Midi, et qu'il comptait de nombreux amis parmi les membres les plus célèbres de l'Académie, MM. Boyer, Roux, Marjolin, Pariset ;

» Qu'on voulut lui offrir le titre de membre adjoint résidant à Avignon, mais que, devenu Français par la réunion du comtat Venaisin en 1791, il n'avait pas consenti à faire reviser son titre de maître ès-chirurgie et à obtenir celui de docteur, qu'il craignait, à son âge et dans sa position, une discussion sur sa qualité, et qu'il pria ses amis de reporter à son fils Paul Pamard, leur bienveillant intérêt ;

» Que M. Paul Pamard, nommé au concours, membre de l'école pratique de Paris, décoré d'une médaille d'or par la Société des bonnes études, reçu docteur en chirurgie le 19 mai 1825, était connu des principaux médecins ;

» Qu'il fut présenté et vivement recommandé à l'Académie par le maître auquel il était surtout attaché, le docteur Bougon, médecin du roi Charles X ;

» Que ces faits sont à la connaissance de l'un des principaux membres de l'Académie qui était alors chef de clinique, de M. le docteur Bougon ;

» Qu'en comprenant M. Paul Pamard sur le rapport de la section de chirurgie parmi les 400 membres alors nommés, l'Académie fit droit à ces honorables recommandations, et prit surtout en considération un nom que les services de son père, de son grand-père et de son aïeul, chirurgiens à Avignon, avaient pendant deux cents ans rendu populaire dans le midi ;

» Que cette nomination, il est vrai, fut faite et notifiée sans désignation de prénoms ni d'âge, mais qu'il en fut de même pour les 400 élus de la même époque, et que si l'Académie avait eu, comme on le prétend faussement, l'intention de choisir M. Pamard père, on n'eût pas manqué de lui donner, dans la lettre de nomination, son titre de chirurgien en chef et sa qualité de chevalier de la Légion d'honneur ;

» Que si M. Paul Pamard n'a pas pris, en passant sa thèse pour le doctorat de médecine, le 4 août 1825, le titre de membre adjoint, c'est par la raison bien simple que ce titre ne lui a été officiellement notifié que vingt-cinq jours après le 29 août ;

» Que M. Pamard père est décédé le 16 mars 1827 ;

» Que M. Paul Pamard a été nommé le 7 avril 1827, à l'âge de 25 ans, chirurgien en chef des hôpitaux d'Avignon, poste qu'il occupe encore aujourd'hui ;

» Qu'une ordonnance royale, en date du 18 octobre 1829, a modifié l'organisation de l'Académie en changeant le titre de membres adjoints en celui de membres correspondants ;

» Qu'à cette occasion et pour aider à cette réorganisation, l'Académie s'occupa, dès le mois de juillet 1829, de régulariser la situation de ses correspondants et leur demanda les prénoms et âges qui avaient été omis lors de l'élection de 1825 ;

» Que par sa lettre en réponse, retrouvée dans les cartons de l'Académie, M. Pamard indiqua ses prénoms et son âge, 27 ans ;

» Que la vérification des titres de chacun a dû être d'autant plus sévère, qu'il s'agissait d'une réorganisation, à décréter par ordonnance royale, et que si M. Pamard père, avait été l'élu du 5 juillet, on n'eût pas manqué de s'étonner de l'âge de 27 ans, que s'attribuait un homme depuis de longues années connu par d'importants travaux ;

» Qu'évidemment, si une fraude avait été tentée, elle aurait été immédiatement découverte ;

» Que d'ailleurs la fraude était sans intérêt, puisque certainement l'Académie, en 1829, n'eût pas hésité à nommer membre correspondant, en remplacement de son père, M. Paul Pamard, qui déjà depuis deux ans remplissait le poste important de chirurgien en chef des hôpitaux ;

» Que cette vérification de 1829 a donc consacré le droit résultant au profit de M. Paul Pamard, qui vint à Paris et prit place à l'Académie en sa qualité de membre correspondant, ainsi que le constatent les procès-verbaux ;

» Que des procès-verbaux constatent également sa présence, en 1832, à des séances où furent discutées les questions relatives au choléra ;

» Qu'il peut représenter de nombreuses lettres qui attestent ses continuelles communications à l'Académie.

» Qu'ainsi, pendant 36 ans, il s'est efforcé de justifier par ses travaux la confiance de l'Académie et le titre qu'elle lui avait accordé, etc. »

Cependant en 1858, continue M⁰ Mathieu, paraissait un article de *l'Indépendance belge* où M. Pamard était accusé d'avoir usurpé, en se substituant frauduleusement à son père, le titre de membre correspondant de l'Académie de médecine. M. Pamard n'était pas nommé, il est vrai ; mais il y était clairement désigné. Le soin de son honneur et de sa dignité ne lui permettait pas de laisser tomber sans les relever de pareilles calomnies, et ce fut à l'Académie elle-même dont on faisait ainsi sa dupe et sa complice qu'il s'adressa pour en faire justice.

L'Académie lui répondit par la déclaration suivante :

« Monsieur, je me suis empressé de mettre sous les yeux du conseil d'ad-
» ministration de l'Académie la lettre que vous m'avez fait l'honneur de
» m'écrire à la daté du 5 février 1858 et la prière que vous avez formée à
» l'appui.

» Le conseil, monsieur, après avoir examiné scrupuleusement toutes ces
» pièces et après avoir vérifié que, depuis l'élection du 5 juillet 1825, l'Aca-
» démie vous a toujours compris au nombre de ses correspondants.

> » Le président, **LAUGIER**.
> » Le secrétaire perpétuel, **DUBOIS**.
> » Le vice-président, **CRUVEILHER**.
> » Le trésorier, **GIMELLE**.
> » Le secrétaire annuel, **DEVERGIE**.
> » Les membres annuels, **BOUSQUET**.
> » Louis **DANIAU**. »

« Déjà au surplus, à la date du 2 février 1858, dit M⁰ Mathieu, le journal le *Moniteur des Hôpitaux*, dans un article intitulé *la Confraternité médicale*, avait, en donnant de nombreux détails, fait justice de ces imputations.

» Le 17 février 1858, *l'Indépendance belge* elle-même reconnut son erreur et s'en excusa.

» Mais voici que l'élection de M. Paul Pamard au Corps-Législatif a paru à *l'Indépendance* une occasion favorable de renouveler la calomnie, et, au mépris de sa rétractation précédente, elle a écrit deux articles diffamatoires, l'un signé du pseudonyme Pharès, l'autre anonyme, sous le titre de « les titres académiques du docteur Pamard. »

Me **MATHIEU** met sous les yeux du tribunal ces deux articles. Les voici :

LES TITRES ACADÉMIQUES DU DOCTEUR PAMARD.

« Voici un grave sujet, et qu'on s'étonnera sans doute de voir traité à cette place : les titres académiques de M. le docteur Pamard, maire d'Avignon, député au Corps-Législatif, ce sont de ces choses qu'il faut aborder avec appareil et révérence. Et le feuilleton, libre scène où sont dénoncés les ridicules, les ruses et les hardiesses de tous ceux qui nous veulent éblouir ou tromper, le feuilleton n'est point habitué à deviser de matières si solennelles, et n'use guère du ton que ces matières-là réclament. Il y a quelque étrangeté, ce semble, à parler des titres académiques de M. Pamard à l'endroit même où l'on a parlé des titres de Léotard à l'admiration publique. Mais pour notre excuse, nous vous dirons : que les lignes que nous allons écrire ne sont que la suite et la rectification d'un de nos *Courriers de Paris*, contre lequel M. Pamard a vivement protesté; que nous avons voulu vider l'affaire où d'abord elle avait été entamée; et qu'enfin les faits vrais et les actes authentiques restent authentiques et vrais, en quelque lieu qu'ils se produisent.

» Le 21 septembre dernier, dans le *Courrier de Paris* de notre collaborateur **PHARÈS**, on lisait ceci :

» Vous avez raconté, comme tous les journaux, l'élection de M. Pamard,
» le concurrent de M. Léopold de Gaillard, à Avignon. Vous avez aussi,
» je crois, fait allusion à son élection à l'Académie de médecine. Cette der-
» nière mérite d'être signalée, observée, et je la recommande aux prati-
» ciens qui craindraient l'effet du scrutin.

» M. Pamard avait un père, membre de l'Académie de médecine de Pa-
» ris; quand il mourut, son fils, M. Pamard, le nouveau député, négligea
» d'avertir l'Académie de cette perte. Il continua à correspondre, comme
» avait correspondu son père, avec le corps savant, et tout le monde dans
» le pays, croyant qu'il avait passé par un scrutin, le regardait comme le
» successeur élu de son père. A l'Académie de Paris, quand on recevait des
» communications de M. Pamard, on s'extasiait sur sa verte vieillesse. En-
» fin, un jour pourtant, un membre hasarda cette timide observation :
» « — Il doit être centenaire M. Pamard?
» — Plus que centenaire !
» Et cette longévité ne fait pas plus de bruit que cela?
» On écrivit à Avignon, on s'informa, et l'on apprit que M. Pamard père
» était mort depuis longtemps, que son fils avait endossé sa gloire, qu'il
» passait pour être membre de l'Académie de médecine, qu'il méritait à
» coup sûr de l'être, mais qu'il ne l'était pas. »

» Quelques jours après, le 30 septembre, nous recevions de M. Pamard la lettre suivante :

« Monsieur le rédacteur,

» Sans avoir l'honneur de vous connaître, je ne doute pas que vous consi-
» dériez comme un devoir d'accorder une réparation à un honnête homme
» qui a été indignement outragé dans *l'Indépendance belge*, dont vous êtes le
» rédacteur en chef.

» Dans votre numéro du 22 janvier 1858, vous publiâtes un article où je
» n'étais pas nommé, mais où j'étais tellement désigné qu'il était impossible
» de ne pas me reconnaître, et où vous m'accusiez d'avoir usurpé le titre de
» membre correspondant de l'Académie impériale de médecine. Cet article
» fut reproduit par divers journaux ; la presse médicale s'en émut, et, pour
» sauvegarder mon honneur attaqué, je provoquai de l'Académie impériale
» une délibération dont je vous transmets ci-de-sous la teneur :

(Voir, page 4, le texte de cette déclaration du bureau de l'Académie.)

« En présence de cette délibération, qui était une réponse sans réplique,
» vous publiâtes, dans votre numéro du 17 février 1858, un article où vous
» reconnaissiez votre erreur et l'authenticité de mon titre de membre cor-
» respondant de l'Académie impériale de médecine. Je me contentai de cette
» satisfaction, et je ne voulus point diriger de poursuites contre votre journal.

» Je me croyais pour jamais à l'abri des calomnies dans votre feuille ;
» mais je me trompais. Vous devez avoir parmi vos correspondants un
» homme qui me poursuit d'une haine implacable et qui ne recule devant
» aucune infâmie, car, dans votre numéro du 21 septembre 1861, à l'occasion
» de mon élection au Corps-Législatif, vous publiez dans votre feuilleton un
» article où cette fois je suis nommé, et où l'outrage le dispute au mensonge.

» Vous concevez, monsieur le rédacteur, que je ne puis rester sous le coup
» d'une pareille calomnie, et qu'il me faut une réparation. Ma première
» pensée a été de la demander aux tribunaux ; mais, avant d'y avoir re-
» cours, je me suis décidé à vous écrire pour vous demander de publier
» dans les colonnes de votre journal un article dans lequel il reconnaîtra
» son erreur et me fera des excuses pour l'outrage qu'il a fait à mon hon-
» neur.

» Dans le cas où cette satisfaction me serait refusée, je me verrais, à re-
» gret, dans la nécessité de demander à la justice une réparation qui me
» mettrait désormais à l'abri des attaques de votre journal.

» Recevez, monsieur le rédacteur en chef, l'assurance de mes sentiments
» distingués.

» Le maire d'Avignon, député au Corps Législatif,

» **PAMARD.** »

« Sur les premiers points de la lettre qu'on vient de lire, nous n'avons nulle
observation à présenter. — En effet, on parla dans *l'Indépendance*, en 1858,
d'un docteur qui se disait membre de l'Académie impériale de médecine, et
qui, pour ne point déranger apparemment tant d'hommes distingués, s'était
borné à s'élire lui-même ; en effet, M. Pamard n'hésita pas à reconnaître que
ces paroles ne pouvaient s'appliquer qu'à lui ; en effet, il nous envoya une
rectification que nous publiâmes, jugeant alors la chose de peu d'importance
et croyant ou que M. Pamard s'était trop hâté de se reconnaître, ou que notre
correspondant avait été induit en erreur.

» Mais il paraît vraiment que la chose a de l'importance ; on y revient, on la
redit, on nomme tout au long M. Pamard, on nous presse, on nous apporte
des renseignements curieux et piquants. Là-dessus, grande colère de M. Pa-

mard, et que nous comprenons. Avez-vous remarquez que nous tenons tous, autant que nous sommes, aux qualités qu'on prétend nous refuser ?—Douter que M. Pamard soit membre de l'Académie, voilà pour M. Pamard la suprême injure. Il s'emporte, il nous menace, il a pour ce pauvre **PHARÈS** et pour nous-mêmes des mots bien durs : *Calomnies, haine implacable qui ne recule devant aucune infâmie, article où l'outrage le dispute au mensonge,* ainsi s'exprime le maire d'Avignon dans cette lettre où l'éloquence le dispute à l'indignation. En vérité, ce maire est très-méchant ; quand on l'attaque il se défend, et avec une véhémence et une témérité ardentes.

» Une simple rectification maintenant ne suffit plus à M. Pamard ; nous aurions beau déclarer que la parole d'un docteur, maire de sa commune et député au Corps-Législatif, est pour nous sacrée, et que nous sommes prêts en toute rencontre à saluer M. Pamard du titre de membre de l'Académie ; notre salut ne sera agréé que si nous y mêlons bien des formules et des humilités. Il faut, s'il vous plaît, des excuses à M. Pamard. Sinon, un bon jugement, comme celui qui devait remettre Chicaneau dans la crainte de Dieu et des sergents, nous remettra dans la crainte des membres de l'Académie de médecine.

» Nous ne craignons pas les jugements et nous ne craignons pas non plus de faire des excuses, lorsqu'elles nous semblent justes et nécessaires. Nous ne balançons pas un seul instant à reconnaître les erreurs que nous avons pu commettre et à les déplorer Il y a, selon nous, à rectifier une nouvelle fausse et dont quelqu'un peut souffrir, une aussi étroite obligation qu'à maintenir une vérité incontestable, quelque dangereuse et menaçante qu'elle soit. Telle est notre règle, que nous appliquons sans cesse.

» Mais on nous accordera qu'avouer des torts et les regretter, c'est une extrémité à laquelle on ne se doit résoudre qu'avec les meilleures, les plus probantes, les plus authentiques raisons —M. Pamard nous apporte-t-il ces raisons qui font d'une entière réparation un devoir absolu ? Que tous ceux qui ont lu sa lettre répondent, et nous disent si les affirmations de M. Pamard, si la délibération même de l'Académie,—choses considérables, à coup sûr, et dignes de respect, — ont la valeur pourtant d'une de ces pièces officielles, précises et claires qui coupent court à tous les doutes et à toutes les objections? Cette phrase . « Depuis l'élection du 5 juillet 1825, l'Académie » vous a toujours compris au nombre de ses correspondants, » cette phrase suffit-elle à démentir le récit de **PHARÈS**, qui se peut ainsi résumer : M. Pamard père, membre de l'Académie depuis 1825, mourut en 1827 ; son fils n'avertit point l'Académie de cette perte, continua de correspondre avec elle, et fut compris au nombre des correspondants depuis 1825? Oui, la chose est entendue, M. Pamard est compris depuis 1825 au nombre des correspondants de l'Académie, nous l'avons dit et personne ne l'a nié ; mais l'Académie a-t-elle élu en 1825, comme son correspondant, M. Pamard (Paul-Antoine-Marie), né le 24 août 1802, aujourd'hui maire d'Avignon et député au Corps-Législatif? Telle est la question sur laquelle on nous a transmis des doutes, telle est la question, la seule, à laquelle il faut répondre. Peu importe que vous soyez compris au nombre des correspondants ; on le sait bien, et cela fait partie même, c'est le point de départ de ce que tant de gens racontent et croient : « M. Pamard est compris au nombre des correspondants de l'Académie de médecine, sans que jamais l'Académie l'ait élu ! »

» Pour nous, l'affirmation de M. Pamard mérite confiance ; nous n'admettons pas qu'un homme riche, maire d'Avignon, député au Corps-Législatif, se trouve parmi les membres de l'Académie comme certain geai dénoncé par La Fontaine se trouvait parmi les paons ; nous pensons que M. Pamard ne porte que ses plumes ; mais que valent notre confiance et nos pensées ? Sont-elles appuyées sur des preuves assez évidentes pour que nous puissions offrir nos excuses à celui qui, non content d'être le correspondant de l'Académie, veut bien encore être le nôtre ? — Hélas ! non. Nous croyons, parce que nous sommes polis, parce que nous aimons à ne pas douter de ce qu'on nous affirme, parce qu'une femme ridée peut nous parler de ses vingt-cinq ans, sans que nous nous permettions de sourire.

» Mais notre politesse et notre confiance, si grandes qu'elles soient, sont impuissantes à nous imposer des excuses ; et nous les réservons pour le jour où M. le maire d'Avignon nous présentera le procès-verbal de la séance dans laquelle l'Académie de médecine a nommé membre correspondant M. Paul-Antoine-Marie Pamard, ou bien le diplôme, le titre qui a dû être envoyé audit Paul-Antoine-Marie Pamard.

» Ce moyen ne paraît pas très-utile et fort à M. Pamard, puisqu'il l'a jusqu'à présent dédaigné. Il peut user d'autres ressources, non pour nous convaincre : nous admettons qu'il est membre de l'Académie, comme nous avons admis qu'il serait député indépendant, lorsqu'il sollicitait, avec le patronage du gouvernement, les suffrages de ses concitoyens ; mais tout le monde n'a point la foi robuste que nous inspirent les déclarations de M. Pamard ; il y a en toute matière, M. Pamard ne l'ignore pas, beaucoup d'appelés et peu d'élus. Eh bien ! que M. Pamard réponde aux petites difficultés qu'on nous soumet ; qu'il prouve, — et cela lui sera sans doute aisé, — que ces difficultés sont choses parfaitement simples et explicables, et alors nos correspondants sont réduits au silence, nous pouvons, sans nous abaisser, faire de complètes excuses, et M. Pamard est reconnu comme membre de l'Académie dans l'univers et dans mille autres lieux.

» Première difficulté. — Tous les Annuaires de l'Académie de médecine sont unanimes à n'indiquer comme membre correspondant d'icelle qu'un seul docteur Pamard, un seul, qui a été élu le 5 juillet 1825. Ce jour-là, M. le maire d'Avignon, né le 24 août 1802, reçu docteur en chirurgie le 19 mai 1825 après avoir passé sa thèse sur la cataracte, n'avait pas encore vingt-trois années d'âge et deux mois de doctorat. Que l'Académie ait fait passer ce jeune homme des bancs de l'école sur les bancs de l'illustre Compagnie, qu'elle ait préféré ce docteur tout frais émoulu à M. le docteur Jean-Baptiste-Antoine-Bénézet Pamard, né en 1763, couronné déjà par l'Académie en 1793, chevalier de la Légion d'Honneur, chirurgien en chef de l'hôpital d'Avignon, et l'une des illustrations médicales du Midi, tout cela peut étonner de simples esprits, dont nous ne sommes pas ; tout cela nous révèle seulement que, pour les âmes bien nées, la science et la réputation n'attendent pas le nombre des années. Mais voici quelques articles du règlement de l'Académie qu'on nous envoie pour nous embarrasser.

» Article 56. — Il ne peut être nommé à aucune place de membre de l'Académie qu'au bout de trois mois de la vacance de cette place.

» *Article* 57. — Pendant ce temps l'Académie reçoit les demandes qui lui sont faites par les membres et les personnes qui lui sont étrangères.

» *Article* 58. — Toutes ces demandes sont renvoyées par l'Académie aux sections de médecine, de chirurgie et de pharmacie, etc., etc.

» *Article* 59. — Les commissions font leurs rapports, etc., etc.

» *Article* 60. — Il est voté sur ces candidats dans la séance qui suit celle où a été fait le rapport de la commission.

» En effet, tous ces articles nous embarrassent quelque peu : d'un côté, M. Pamard, qui n'a été reçu docteur que 47 jours avant l'élection du 5 juillet 1825 ; d'un autre côté, cette nécessité d'une vacance de trois mois — laquelle dure parfois, nous pourrions dire habituellement, des années, — toutes ces demandes qui doivent être reçues et renvoyées à des commissions, ces rapports qu'il faut faire et sur lesquels on ne vote point de suite, toutes ces lenteurs et ces formalités si bien connues en toute matière académique, tout cela n'a pu être fait, dit-on, en 47 jours. M. Pamard n'était pas même docteur lorsqu'a eu lieu cette vacance qu'il aurait fait cesser ; ses titres et ses travaux comme docteur ne pouvaient être bien nombreux avant qu'il fut docteur; il lui a donc suffi de quarante-sept jours pour assurer sa réputation, publier quelque ouvrage, l'envoyer à l'Académie, le faire agréer par elle, présenter sa candidature, la faire discuter et se faire élire ! Quelle tarentule piquait à cette époque-là les honorables académiciens? Quel empressement furieux, quel travail d'Hercule ! et quelle célébrité un tel acharnement a dû procurer au jeune docteur? — Ainsi raisonnent les incrédules, qui ne croient jamais à ce qu'on leur dit, et ont l'impertinence de ne se fier qu'aux choses qu'ils voient de leurs yeux et touchent de leurs mains. Pour nous, sans dissimuler l'embarrassant de ces objections, nous y remarquons, avant tout, de justes fondements à la susceptibilité de M. Pamard. Nous comprenons qu'il se soit irrité en s'entendant contester un titre obtenu en de si glorieuses circonstances. Un homme pour lequel on a changé toutes les traditions de l'Académie, pour lequel on n'a point tenu compte des plus ordinaires usages, pour lequel on a tout précipité afin de le plus tôt recevoir, un tel homme a quelque droit de froncer le sourcil et de s'abandonner à son indignation quand un aventureux chroniqueur vient dans sa vie rayer d'un trait de plume l'épisode le plus étonnant et le plus singulier ! Pourtant, nous qui apprécions tout ce qu'il y a d'extraordinaire dans cette élection de M. Pamard, nous oserons lui conseiller de prodiguer plutôt la lumière aux aveugles qui ne voient pas combien son bel habit d'académicien à palmes a été fait exactement pour lui, de leur prodiguer, disons-nous, plutôt la lumière que les malédictions.

> Le Dieu poursuivant sa carrière
> Versait des torrents de lumière
> Sur ses obscurs blasphémateurs.

» Le bel exemple à suivre ! et que des torrents de lumière emporteraient d'une façon éclatante toutes les petites difficultés qu'on nous signale ! Continuons à les indiquer, et fournissons à M. Pamard, déja maire d'Avignon et député au Corps-Législatif, une occasion unique d'être comparé à un dieu.

» Deuxième difficulté. — M. Pamard, après avoir passé sa première thèse *sur la cataracte*, le 19 mai 1825, a passé la seconde *sur le danger des systèmes en médecine*, le 4 août, un mois après l'élection du 5 juillet. Il s'agissait cette fois d'être reçu docteur en médecine. On sait qu'en faisant imprimer leurs thèses, les jeunes docteurs n'ont garde d'omettre aucun de leurs titres, quand ils en ont, et M. Pamard n'a pas manqué à la règle Ses titres s'étaient sur la première page; mais hélas! il en manque un, le plus important, le plus enviable, celui qui devait produire le plus d'effet, ce titre de membre correspondant de l'Académie que venait d'obtenir le nouveau docteur! Est-il possible? Ce que M. Pamard, après trente-six ans d'une entière et tranquille possession, laquelle a dû le calmer quelque peu, ce que M. Pamard réclame avec tant de violence et d'autorité, il n'y tenait point dans les premiers jours, il l'oubliait, il ne daignait pas apprendre au public scientifique en 1825, ce qu'il veut que nous apprenions en 1861 à toute l'Europe! Il était à ce point modeste, il ne se paraît pas d'un titre si solennel obtenu presque à l'école, il consentait à ne point revendiquer ce qu'il revendique aujourd'hui avec éloquence et colère! En vérité, ce sont les fonctions municipales et législatives qui ont dû changer M. Pamard. Il était né pour une vie obscure et sans bruit, il n'était pas né pour nous écrire des lettres véhémentes et menaçantes; il n'attachait d'abord aucun prix à ces vains titres qu'il oubliait. Mais quoi, mairie oblige et le pont d'Avignon vous contemple; il faut bien à la fin rassembler tous ses rayons et les faire tous briller! — Avons-nous touché juste, et M. Pamard explique-t-il comme nous ce contraste entre l'étrange omission de 1825 et la déclaration bruyante de 1861? Un peu de lumière encore, s'il vous plaît, sur cette seconde difficulté; et passons à la troisième.

» Troisième difficulté. — Nous avons dit qu'un seul docteur Pamard avait été nommé membre de l'Académie de médecine, que tous les Annuaires s'accordaient sur ce point. Mais voici le *Dictionnaire historique du département de Vaucluse*, publié à Carpentras en 1841, qui nous donne d'embarrassants détails.

» D'abord sur M. Pamard (Jean-Baptiste-Antoine-Bénézet), né le 11 avril 1763 : « Il remporta le 18 avril 1793, dit le Dictionnaire, le prix au concours
» que l'Académie de chirurgie de Paris avait proposé sur le meilleur mode
» de suture, ce qui lui valut le titre de correspondant de cette Compagnie,
» lequel fut échangé plus tard contre celui de **CORRESPONDANT DE L'A-**
» **CADÉMIE ROYALE DE MÉDECINE.** » — D'après le *Dictionnaire historique de Vaucluse*, M. Pamard père était donc membre correspondant de l'Académie de médecine. Et ce qui ne doit laisser aucun doute sur cette affirmation, c'est une note imprimée dans le Dictionnaire, qui annonce que l'article consacré à M. Pamard père a été rédigé par M. Pamard fils, aujourd'hui maire d'Avignon! Assurément, la chose est incontestable, on n'a point donné à M. Jean-Baptiste-Antoine-Bénézet Pamard un titre qu'il ne possédait pas, il était bien réellement membre de l'Académie. — Mais ici la difficulté surgit : il n'y a eu qu'un docteur Pamard, élu membre correspondant de l'Académie, disent les Annuaires officiels; et pourtant le *Dictionnaire de Vaucluse*, d'après les notes de M. le maire d'Avignon, en compte deux! Après l'article consacré à M. Jean-Baptiste-Antoine-Bénézet Pamard, *membre correspondant de l'Académie*, vient l'article consacré à M. Paul-Antoine-Marie

Pamard, « admis, le 5 juillet 1825, comme membre adjoint correspon-
» dant par l'Académie royale de médecine. » — Que faire ? que résoudre ?
que décider ? lequel choisir ? Deux académiciens pour une seule place !
Lequel faut-il faire asseoir ? lequel faut-il renvoyer parmi ses pareils,
parmi nous qui ne sommes point académiciens ? Graves questions pour
les scrupuleux, pour ceux qui aiment la netteté et l'évidence en toute
rencontre, pour ceux qui croient qu'abondance de biens nuit parfois, et que
c'est trop de deux docteurs Pamard pour un seul fauteuil d'académicien ! —
Voilà bien les scrupuleux, ils n'ont que ce qu'ils méritent, ils se posent des
problèmes, ils s'entassent des difficultés, ils veulent des documents et des
preuves, et tout cela les met dans la piteuse situation que vous voyez ! Ils
demandent un docteur Pamard, membre de l'Académie, et malicieusement on
leur en donne deux. Ah ! que c'est bien fait, et que nous avons pris le bon
parti en disant sans cesse : Je crois en M. Pamard, tout puissant à Avignon
comme à Paris, membre de l'Académie ! Disons-le, redisons-le, et, s'il le
faut, allons le répéter aux roseaux, ainsi que dans l'antiquité on leur a confié
le titre de Midas.

» Peut-être ceux qui n'ont point notre tranquillité, en cette affaire, tente-
ront-ils de faire cesser leurs hésitations avec ce motif : que les Dictionnaires,
d'habitude, fourmillent d'erreurs, qu'on y peut mettre à une page ce qui était
destiné à une autre page, qu'un grand désordre est facilement introduit en
toutes ses notices, et qu'on a pu donner, dans l'ouvrage imprimé, à M. Pamard père un titre que le manuscrit ne portait pas. On a vu des choses plus
bizarres que celles-là ; mais voici une nouvelle difficulté qui se dresse, et
qui enlève toutes ressources à ceux qui doutent des imprimeurs du *Dictionnaire de Vaucluse.*

» Cette difficulté nouvelle, c'est un acte en bonne et due forme, un acte
manuscrit, où quelque coquille d'un typographe maveillant n'a pu se glisser,
l'acte de décès de M. Pamard père, qui n'a pu être dressé que sur la présen-
tation de pièces authentiques :

« L'an mil huit cent vingt-sept et le seize mars, à neuf heures du matin,
» devant nous François-Alexandre-Pierre-Luxembourg Décat, adjoint du
» maire et de lui chargé par délégation des fonctions de l'état-civil de cette
» ville d'Avignon, département de Vaucluse, ont comparu en notre bureau
» M. François-Denis-Agricol Chauffard, propriétaire, âgé de cinquante-neuf
» ans, cousin germain du décédé ci-après désigné, et Jean-Baptiste-Fran-
» çois-César Bosse, notaire royal, âgé de vingt-huit ans, domicilié en cette
» ville, lesquels ont déclaré que le sieur Jean-Baptiste-Antoine-Bénézet
» Pamard, docteur en chirurgie, chirurgien en chef des hôpitaux de cette
» ville, **MEMBRE DE L'ACADÉMIE ROYALE DE MÉDECINE** et de l'Acadé-
» mie de Vaucluse, chevalier de l'Ordre royal de la Légion d'Honneur, âgé
» de soixante-quatre ans, né en cette ville, y domicilié, fils de défunt
» M. Pierre-François-Bénézet Pamard, docteur en chirurgie, et dame Mag-
» deleine Chauffard, mariés, époux de dame Rosalie Reyne, est décédé ce-
» jourd'hui, à deux heures du matin, dans sa maison d'habitation, sise rue
» Peirollerie, Isle 93, n° 3, etc. »

Il est vrai, l'acte est formel, M. Pamard père y est *officiellement* désigné comme membre de l'Académie, et cela nous fait retomber dans cette gênante question : « Puisqu'il n'y a eu qu'un seul docteur Pamard élu membre de l'Académie de médecine, et puisque M. Pamard père est reconnu p r son fils même comme académicien, quand et comment M. Pamard fils a-t-il pu être nommé par l'Académie ! »

» La question , nous l'avons dit, n'est gênante que pour ceux qui n'ont pas en la parole du maire d'Avignon une foi absolue. M. Pamard pourrait répondre comme cette dame surprise par son amant en conversation criminelle, et qui ne s'avouait pas coupable : — Vous n'êtes point coupable, disait l'amant, et j'ai vu !... — Ah ! je vois bien, répondait la dame, que vous ne m'aimez plus, puisque vous en croyez plus vos yeux que mes paroles. — Assurément, ceux qui ne se contentent pas de l'affirmation de M. Pamard ne l'aiment plus ou ne l'ont jamais aimé. Pour nous qui l'aimons, malgré sa lettre un peu bien rude, les règlements de l'Académie, la thèse de M. Pamard lui-même, le Dictionnaire de Vaucluse, l'acte de décès que nous venons de citer, tout cela nous émeut, mais ne triomphe pas de la confiance que nous inspire M. le maire d'Avignon. Il dit qu'il est académicien, nous le croyons, et nous croyons aussi qu'il ferait sagement en le prouvant. Que lui manque-t-il? une petite preuve, bien authentique, ou, comme nous le proposions, des torrents de lumière qui emportent toutes les difficultés qu'on nous a transmises? M. Pamard ne doit être en peine ni de preuves ni de torrents de lumière ; qu'il ouvre les mains, qu'il confonde nos correspondants, qu'il ne garde point pour lui seul, comme un avare, ce qui lui peut assurer son éclat et son renom ; qu'il s'explique, et tout est pour le mieux, nos excuses sont prêtes, et les plus légers doutes s'envolent.

» Il a peut-être un scrupule Il ne croit pas digne du maire d'Avignon, député au Corps-Législatif, de plaider sa cause devant de simples journalistes. Qu'à cela ne tienne ; les explications de M. Pamard peuvent être données de plus haut et plus solennellement, de la tribune du Corps-Législatif, par exemple, où il voudra sans doute, quand ses pouvoirs seront examinés, prouver à ses collègues qu'il est académicien avec autant de droit qu'il est député. »

(*Extrait de* **L'INDÉPENDANCE BELGE** *du* 18 *novembre* 1861.)

ENCORE LES TITRES ACADÉMIQUES DE M. PAMARD.

« Le feuilleton que nous avons publié sur *les Titres académiques du docteur Pamard* a fait du bruit; il a été signalé, commenté, analysé par plusieurs journaux ; le monde médical s'en est ému ; l'Académie de médecine a compris qu'elle était tenue d'examiner cette délicate affaire, de dissiper les doutes et de résoudre les questions qu'elle produisait. Cela ne pouvait manquer. Un corps comme l'Académie, qui compte tant de membres éminents et respectés, devait vouloir que la lumière se fît dans ce chaos. Cette lumière, disons le, n'est point faite encore, et, par un caprice singulier, l'Académie n'a discuté qu'en séance secrète ce point si controversé : le docteur Pamard, maire d'Avignon, a-t-il été, en 1825, élu membre correspondant de l'Académie? — En séance secrète, y a-t-on bien pensé? Une séance secrète cela ne compromet-il pas M. Pamard, dont les titres ont besoin d'être publiquement et solennellement prouvés pour qu'enfin l'on y croie ? Une séance secrète, n'est-ce point embarrassant pour la dignité de l'Académie, qui doit ou revendiquer d'une façon éclatante M. Pamard, s'il a été élu, ou le renier d'une façon éclatante s'il n'a pas été élu ?

» Quoi qu'il en soit, cette séance secrète n'a pas été absolument secrète ; et les journaux de médecine en rendent compte et l'apprécient. Mais il arrive ce qui ne pouvait manquer d'arriver et ce qui ne fût pas arrivé si l'Académie avait permis au public d'assister à ces intéressants débats. Ce qui en transpire peut naturellement être contesté, et les rumeurs les plus contradictoires trouvent un écho dans les journaux qui ont reçu les confidences des membres de l'Académie présents à cette séance mystérieuse.

» C'est ainsi que nous avons lu dans la *Gazette des Hôpitaux*, d'abord, puis dans quelques autres feuilles qui l'ont répétée, la note suivante :

« L'Académie de médecine a tenu samedi dernier une séance extraordi-
» naire en comité secret. Cette séance avait pour objet d'éclairer l'Académie
» sur un fait qui a eu un grand retentissement dans quelques journaux, et
» qui ne tendait pas à moins qu'à porter atteinte à la considération de ce
» corps savant et à l'honneur d'un de ses membres. Un chirurgien de l'une
» de nos grandes villes du midi de la France, qui vient d'être récemment
» élu au Corps-Législatif, a été publiquement accusé de s'être indûment
» arrogé le titre de membre correspondant de notre Académie de mé-
» decine.

» Le bureau de l'Académie, justement ému de ce bruit, a voulu que la
» situation de ce membre fût nettement établie devant ses collègues. Si les
» renseignements qui nous sont parvenus sont exacts, il serait résulté des
» explications qui ont été données que le chirurgien dont il s'agit est en lé-
» gitime possession de son titre de correspondant. »

» Or, si nous en croyons les renseignements qui nous sont parvenus, à nous aussi, de différents côtés, cette note aurait été rédigée par une plume trop complaisante. Il s'en faudrait de beaucoup que les explications données aient établi que M. Pamard est en légitime possession de son titre de correspondant. Mais, bien que notre désir, en tout ceci, ne soit que d'arriver à la constatation de la vérité, quelle qu'elle soit, comme quelques lecteurs, qui ne nous connaissent pas, pourraient croire que nos renseignements ne portent pas l'empreinte d'une impartialité suffisante, nous allons céder la parole à un journal spécial, qui jouit dans le monde médical d'une considération et d'une autorité méritées. Voici l'article que ce journal, *l'Union médicale*, a publié dans son numéro de mardi dernier, 10 décembre :

« UN COMITÉ SECRET DE L'ACADÉMIE DE MÉDECINE SUR UNE AFFAIRE DÉLICATE.

» Le comité secret annoncé pour samedi, à l'Académie de médecine, a eu lieu, en effet. L'allusion très-discrète que nous avons faite à cette fâcheuse affaire a été sans doute une énigme pour un grand nombre de nos lecteurs. Nous pouvons en quelques mots les mettre au courant de cet incident que l'Académie était appelée à éclaircir, auquel elle pouvait donner une solution, et qu'après une longue séance secrète, orageuse et passionnée, elle laisse tristement dans un *statu quo* déplorable.

» M. le docteur Pamard, d'Avignon, est-il ou non membre correspondant de l'Académie de médecine? Un journal étranger, *l Indépendance belge*, conteste ce titre à M. Pamard, qui l'a toujours porté, qui est désigné par ce titre dans *l'Annuaire* de l'Académie, titre sur la validité duquel il ne serait venu à personne l'idée de jeter le moindre doute. Aux..., comment dirons-nous? aux... indiscrétions de *l'Indépendance*, M. Pamard a répondu par une lettre émanée de l'Académie de médecine, et ainsi conçue :

(Voir encore, page 4, la déclaration du bureau de l'Académie.)

« Mais cette lettre n'a pas convaincu *l'Indépendance*, qui soutient que l'élection du 5 juillet 1825 s'applique à M. le docteur Pamard père, vieillard respectable, lauréat et membre correspondant de l'ancienne Académie de chirurgie, et ne peut s'appliquer à M. Pamard fils, qui n'avait alors que vingt-trois ans, qui ne passa sa thèse de docteur qu'un mois après cette élection, et qui, dans cette thèse, ne prit aucunement le titre de membre correspondant de l'Académie. *L'Indépendance* ajoute plusieurs autres considérations, et conclut que l'Académie de médecine n'a jamais fait qu'une seule élection de correspondant au nom de Pamard, que ce Pamard, mort depuis 1827, était le père du docteur Pamard actuel, et que celui-ci a pris depuis et continue à prendre un titre qui n'a appartenu et que l'Académie n'a voulu décerner qu'à son père.

» Ces divulgations de *l'Indépendance* ont eu un grand retentissement. M. le docteur Pamard, maire de la ville d'Avignon, vient d'être élu récemment député au Corps-Législatif; il est, par conséquent, très en évidence; il doit avoir, il a certainement des adversaires politiques; lui-même a répondu avec plus de vivacité que de prudence peut-être au journal accusateur; tant il y a que cette affaire a pris une importance et acquis une notoriété qu'il eût été désirable d'éviter.

» Il était facile de prévoir que l'Académie ne pourrait rester étrangère à cet incident et ne s'en tiendrait pas à sa lettre un peu trop élastique de 1858. Soit que le conseil d'administration ait craint des interpellations qui étaient probables et, dit-on, imminentes de la part de quelques-uns des membres de la Compagnie, soit qu'il ait voulu connaître l'opinion de l'Académie, dans le cas où il serait mis en demeure de donner des explications officielles, toujours est-il que l'Académie a été convoquée samedi dernier, pour ce sujet spécial, en séance extraordinaire et secrète.

» Secrète!..... nous le voulons bien, mais, dans ce temps d'avide curiosité où nous avons le bonheur de vivre, tout est possible, même les indiscrétions académiques. Supposez donc que nous ayons eu la chance de pouvoir profiter d'une indiscrétion de ce genre et que nous ne voulions pas en profiter tout seul. Du récit qui est parvenu jusqu'à nous, nous extrayons ce qui suit :

« Triste, triste séance ! Nulle direction, nulle franchise, nulle conclusion.
» On était très-nombreux. M. Dubois (d'Amiens) monte à la tribune ; d'après
» ses conversations particulières de ces jours passés, on pouvait s'attendre
» de sa part à un exposé clair, net et topique de cette fâcheuse affaire, et il
» lit au contraire un long préambule qui débute par cette déclaration singu-

» lière, à savoir, que l'Académie n'a pas à intervenir, que le bureau seul et
» le conseil auront à répondre et à faire une enquête s'il y a lieu. On n'a
» réuni l'Académie que pour lui dire tout haut ce qui se dit tout bas, et lui
» faire connaître ce qu'il y a dans les archives, c'est-à-dire le désordre et
» les ténèbres. On ne trouve absolument rien qui établisse quel est celui des
» MM Pamard qui a été élu membre correspondant; il se borne à constater
» la possession d'état en déplorant la manière dont l'Académie était admi-
» nistrée il y a trente-six ans. Cet exposé est d'ailleur assez adroit, et si n'eût
» été une trop grande insistance sur les passions politiques et des partis, s'il
» eût mieux caché l'intention, louable du reste, de sauvegarder un confrère
» député, la théorie de la possession d'état aurait trouvé des partisans. Mais,
» au contraire, ce discours est suivi de rumeurs.

» M. Gaultier de Claubry succède à M. Dubois (d'Amiens), et se borne à
» reproduire l'argument de *l'Indépendance*, tiré de l'absence du titre d'aca-
» démicien sur la thèse de docteur en médecine de M. Pamard. Il n'ajoute
» pas autre chose.

» M. Londe, qui est le correspondant scientifique, à Paris, de *l'Indépen-
» dance*, demande la parole pour un fait personnel, et déclare qu'il a été
» étranger aux articles de ce journal, relatifs à M. Pamard, mais il se laisse
» aller à une vivacité de langage que l'Académie réprime par des mur-
» mures.

» A ce moment, M. Velpeau monte à la tribune. Il plaide en faveur de
» M. Pamard, mais l'auteur n'est pas dans un de ses bons jours; sa plaidoirie
» est pâle, terne, embarrassée. Cependant il déclare — et cette déclaration
» sortie de cette bouche est considérable — qu'il a été *témoin* de la nomi-
» nation de M. Pamard fils, alors que lui était chef de clinique de M. Bougon.
» M. Velpeau aurait dû supprimer quelques anecdotes d'amourettes qui ont
» pu amuser, il y a plus d'un tiers de siècle, le quartier des Cordeliers, et
» l'histoire d'un punch donné à l'occasion de cette élection; vrai roman chez
» la portière, disait on autour de moi. M. Velpeau ajoute deux arguments
» — je dirais plutôt deux moyens d'avocat un peu plus sérieux, — On les dit
» empruntés à un article du *Messager du Midi*. D'une part, c'est la demande
» de noms, d'âge et de titres faits à Pamard fils par l'Académie en 1829, deux
» ans après la mort du père, pour le placer dans *l'Annuaire*, parmi les mem-
» bres correspondants. D'autre part, c'est le refus du père de se porter can-
» didat, par suite de la croyance où il était que son titre de correspondant de
» l'ancienne Académie de chirurgie était l'équivalent du titre nouveau.

» Ce discours de M. Velpeau est violemment et à plusieurs reprises inter-
» rompu par M. Londe, qui lui adresse d'énergiques démentis, soutenus par
» la voix de Stentor d'un académicien qui siége à la Montagne.

» M. Michel Lévy paraît très-agité. Il rapporte que la commission des as-
» sociés libres, dont les choix ne portent que sur des correspondants, avait
» présenté M. Pamard, il y a trois ans, et que Bégin—c'est tout dire!— faisait
» partie de la commission.

» M. Londe se précipite à la tribune. Il avait beau jeu, mais ce bon aca-
» démicien est vraiment sans malice; il se borne à lire difficilement toutes
» les pièces qui ont paru dans *l'Indépendance*, et que l'Académie ne con-
» naissait que trop. Cependant il termine par un trait assez piquant, en rap-

» portant un mot de M. le professeur Trousseau adressé à un groupe que
» M. Velpeau cherchait à endoctriner.

» On chuchotait, on riait, on n'avançait pas.

» Alors M. Malgaigne prend la parole. Avec beaucoup de netteté, il
» exprime très-finement le sentiment très-général, à savoir, que les argu-
» ments de M. Velpeau ne valent pas mieux que ceux de M. Londe, mais que
» ceux de M. Londe ne sont pas de beaucoup supérieurs à ceux de M. Vel-
» peau. L'acte mortuaire de M. Pamard père n'a pas plus de poids que la
» lettre d'avis écrite à M. Pamard, d'Avignon. Mais dans ces ténèbres et
» quand on voit ce qu'était autrefois l'Académie, en admettant un escamo-
» tage ou une légèreté, il n'y a vraiment pas moyen d'en sortir par une dé-
» cision formelle, et de changer violemment la situation de M. Pamard.

» A partir de ce moment, on était à peu près d'accord. Mais comment finir?
» Grande tumulte, vociférations. M. Bouvier, M. Chailly interpellent le bu-
» reau et lui contestent le droit de décider la question MM. Guérard, Bou-
» ley, Ricord parlent en faveur de M. Pamard. M. Depaul n'est pas de leur
» avis. M. Desportes jette le frisson dans l'assistance, en disant que l'Aca-
» démie est un corps administratif et qu'on peut lui retirer son budget.

» M. Laugier, dans une éclaircie de silence, explique en très-bons termes
» ce qu'a fait le conseil qu'il présidait en 1858, et l'impossibilité de faire
» autre chose encore aujourd'hui.

» M. Larrey fait la proposition malheureuse et très-mal accueillie d'aller
» raconter au ministre les perplexités de l'Académie.

» Rien ne se fait, rien ne se décide, et au milieu du bruit et des interpel-
» lations, l'Académie se sépare sans aucune solution.

» Tel est le récit fidèle de cette séance triste, triste. »

« Pouvait-on mieux faire? Nous le croyons, et nous donnons notre humble avis.

» Le bureau et le conseil d'administration qui paraissent favorables à
M. Pamard, les amis de ce distingué et très-embarrassé confrère, devaient
proposer un ordre du jour motivé qui sauvegardât en même temps la dignité
de l'Académie et la bonne foi de M. Pamard. Nous sommes autorisé à penser
qu'un ordre du jour rédigé dans cet esprit eût trouvé une grande majorité.
On n'a pas osé tenter cette solution et on a eu grand tort. On laisse ainsi les
choses en l'état, et la situation reste aussi fâcheuse pour notre malheureux
confrère qu'on a voulu sauver, que pour l'Académie qu'il valait mieux laisser à ses travaux ordinaires.   « **AMÉDÉE LATOUR.** »

» Tout d'abord, nous tenons à déclarer que notre savant collaborateur
M. Londe est, en effet, complétement étranger aux articles que nous avons
consacrés à M. Pamard. M. Londe a répondu avec beaucoup de vivacité aux
attaques qu'ont dirigées contre *l'Indépendance* ceux que nos révélations ont
gênés et irrités. Cela nous honore et cela nous touche, d'être défendus si
vigoureusement par un homme de la valeur, de la délicatesse et de l'austé-
rité de M. Londe ; et nous l'en remercions de tout notre cœur.

» Mais quels éclaircissements nouveaux, quelles preuves évidentes ont été
apportés en faveur de M. Pamard dans cette séance secrète? — M. Dubois, secrétaire perpétuel de l'Académie, a dit que l'affaire avait été soulevée

et poussée par « les passions politiques. » En d'autres termes, que nous ne poursuivions le membre correspondant de l'Académie que pour mieux atteindre le député au Corps-Législatif. — Nous avons pour la réputation et pour la science de M. Dubois tous les respects imaginables, mais, en vérité, nous sommes obligés de trouver un peu bien légère et inexplicable l'affirmation qu'il a introduite. Non-seulement il ne s'agit point en tout ceci de politique, non-seulement il est impossible de découvrir quelque chose qui intéresse le gouvernement ou l'opposition dans cette question : M. Pamard (Antoine-Bénézet) a-t-il été vraiment élu en 1825 membre correspondant de l'Académie ? Non seulement nous n'avons pas de rancunes politiques contre M. Pamard ; mais bien plus, nous avons combattu, et très-énergiquement, lors des élections au Corps-Législatifs, son concurrent, M. Léopold de Gaillard, qui représentait à nos yeux l'influence cléricale. Il est donc au moins biza re de présenter *l'Indépendance* comme l'organe des adversaires politiques de M Pamard, que nous avons combattu, au contraire, dans la lutte politique que ce fonctionnaire a eu à soutenir récemment.

« Ne serait-il pas plus juste de croire que s'il s'était trouvé, par exemple, à la séance du conseil d'administration de l'Académie quelqu'un pour dire ceci : « Messieurs, il nous faut sauver M. Pamard, » ne serait-il pas plus juste de croire que celui-là seul aurait voulu introduire la politique en ce débat ; que celui-là seul s'efforcerait d'exciter les passions politiques, en mettant au service de sa cause les plus puissantes influences, et en dénonçant de simples questions portant sur un fait dont l'honneur de l'Académie veut qu'elle se rende un compte exact, en dénonçant ces questions, disonsnous, comme une menace et une arme contre le gouvernement, contre les lois, contre l'ordre, la famille et la propriété ?

« Cette petite insinuation : que la chose a été produite par les passions politiques, cette petite insinuation, outre qu'elle ne peut résister au moindre examen, a le défaut de ne résoudre point les difficultés que nous avons soumises. Ce ne sont point nos passions politiques qui ont pu faire que M. Pamard aurait été élu membre de l'Académie un mois avant d'être reçu docteur en médecine ; qu'il n'aurait point mis sur sa thèse ce titre qu'il revendique avec tant d'énergie et de colère aujourd'hui ; que son père aurait été faussement désigné dans le Dictionnaire de Vaucluse et dans les actes mêmes de l'état civil d'Avignon comme membre correspondant de l'Académie ! Les passions politiques d'aujourd'hui n'ont point amené tout cela, pensons-nous, il y a quelque trente-cinq ans ; et de même les passions politiques de nos contradicteurs seraient impuissantes à faire disparaître et à effacer toutes ces difficultés.

« Il faut donc renoncer à ce prétexte-là, et nous donner de bons documents bien valables, des pièces officielles bien claires et précises, devant lesquelles nous ne demandons, quant à nous, qu'à nous incliner.

« M. Velpeau, qui s'est aussi prononcé en faveur de M. Pamard, M. Velpeau doit avoir affirmé, comme une preuve décisive, d'après ce que dit *l'Union médicale*, qu'il avait été témoin de l'élection de M. Pamard. — C'est ici que nous regrettons plus que jamais le mystère dont l'Académie a cru devoir entourer cette séance. Il est évident que si M. Velpeau a déclaré avoir été témoin de l'élection de M. Pamard fils, il a expliqué comment il avait pu en être témoin. Or, par suite du secret qui pèse sur ces explications, voici en quelles perplexités nous sommes jetés. Nous nous disons, nous qui n'avons pas entendu M. Velpeau, que pour être témoin d'une élection académique, il semble qu'il faille faire partie de l'Académie. Or, M. Velpeau n'a été appelé au sein du docte corps qu'en 1832, et l'élection de M. Pamard a eu lieu en 1825. — Le célèbre chirurgien n'y a donc point participé; et ce qu'il en sait, il le sait par ouï dire. Certes, sa haute science et sa légitime renommée prêtent beaucoup d'autorité à toutes ses paroles; mais des souvenirs qui remontent à trente-six ans ne peuvent-ils être altérés, et n'ont-ils pas besoin d'être étayés et fixés par quelques documents, notes ou rapports dont on ne puisse douter?

« On a été jusqu'à dire que l'acte de décès de M. Pamard père, lequel fait mention du titre de membre correspondant de l'Académie, que cet acte avait été altéré et surchargé. Si l'on a le plus mince soupçon d'un tel délit, si l'on a une seule raison de supposer qu'un faux a été commis — et commis après coup, avec intention, à l'aide d'une surcharge, — dans les actes de l'état civil, on ne peut se borner à lancer une pareille accusation sans y donner suite; on doit ouvrir immédiatement une enquête, on est obligé de rechercher rigoureusement quelle est la vérité sur ce point. Ceci fait sortir l'affaire du domaine de l'Académie pour la faire entrer dans celui du procureur impérial.

« Cet argument est assez hardi pour que, si on le produit en public, il faille en poursuivre la démonstration, et la chose sera d'autant plus facile que M. Pamard fils est actuellement maire et, par conséquent, gardien des actes de l'état civil de la ville d'Avignon. Quelque regret qu'il lui en coûte, il devra aider à la découverte de ce faussaire. Nous disons : quelque regret, car la découverte de ce faussaire dépossédera M. Pamard père du titre de membre correspondant de l'Académie. Il est vrai que c'est ce qu'on fait dès aujourd'hui : avant toute preuve, on enlève à celui qu'on a appelé la plus grande illustration médicale du Midi, ce titre que tout le monde jusqu'à présent lui avait reconnu et qui avait été acquis par de glorieux travaux !

« Selon nous, les passions politiques dont parle M. Dubois, les souvenirs de M. Velpeau, les accusations jetées contre les actes de l'état civil d'Avignon, dont M. Pamard, en sa qualité de maire, a la surveillance, tout cela ne suffit point à prouver que Monsieur le maire d'Avignon a été nommé en 1825 membre correspondant de l'Académie. Selon nous, des raisons indiscutables, des pièces officielles, des documents très-clairs et très-nets sont absolument nécessaires. — Mais, nous dit-on, les procès-verbaux des séances de l'Académie sont dans l'état le plus fâcheux; l'ancien secrétaire perpétuel avait autant de science qu'il avait peu d'ordre; on n'y peut rien retrouver, rien découvrir, rien démêler. Soit. Mais si l'on n'a pas les procès-verbaux de 1825, n'a-t-on pas au moins les rapports faits en cette année? Nous croyons savoir que le rapport sur l'élection du docteur Pamard a été présenté par M. Moreau, un des membres les plus distingués de l'Académie. Se peut-il que ce rapport, qui lèverait tous les doutes, soit introuvable? Se peut-il que le conseil d'administration ne parvienne pas à le dénicher en quelque coin? — Cherchez, et vous trouverez, est-il écrit. L'honneur de l'Académie, la dignité de tant de membres éminents qui la composent sont trop intéressés à la découverte de ce bienheureux rapport pour qu'il puisse longtemps rester caché. Quant à nous, nous le répétons, qui ne sommes animés d'aucun mauvais vouloir envers M. Pamard ; qui, en nous faisant l'écho des rumeurs lui contestant depuis des années déjà la légitimité de son titre de membre correspondant, n'avons voulu que lui fournir l'occasion de réduire à néant toutes ces rumeurs, nous espérons bien que la lumière finira par apparaître éclatante, irrésistible, et ce jour-là, M. Pamard peut en être convaincu, nous ne serons pas les derniers à en réfléter les rayons. Tant mieux pour ceux, quels qu'ils soient, dont ils éclaireront la gloire ; tant pis pour ceux qu'ils forceront à rougir. »

(*Extrait de* **L'INDÉPENDANCE BELGE** *du* 13 *décembre* 1861.)

Après cette lecture. Mᵉ Mathieu poursuit en ces termes :

Voilà l'article : je m'en suis imposé la lecture malgré son étendue : je ne conteste pas qu'il y ait quelque grâce dans la forme, malgré une abondance un peu trop grande de citations empruntées à l'érudition classique. Quant à l'auteur, il est anonyme. Eh bien ! je dis moi, que lorsqu'on écrit ces choses, quand on retourne ainsi le poignard dans le cœur d'un honnête homme, il faut avoir le courage de s'affirmer, de signer de son nom ces accusations. En Belgique, je le sais, la presse est encore régie par l'ancien système français. Pour moi, s'il est une mesure qui ait toutes mes sympathies, qui parle à la fois à ma conscience et à mon cœur, c'est celle qui a obligé les journalistes à assumer la responsabilité de leurs écrits, à signer de leur nom leurs opinions, leurs paroles, leurs actes. Voilà ce qui est moral, voilà ce qui est loyal. Mais vous, qu'avez-vous fait ? De 1858 à 1860, vous êtes allé puiser à je ne sais quelles sources, et je ne sais sous quelles inspirations, tous les faits, tous les renseignements plus ou moins vrais qui pouvaient servir votre haine, et une fois en possession de ces documents, vous les avez réunis, vous en avez exprimé ce poison que vous avez distillé goutte à goutte, aggravant encore les insinuations que Pharès avait signées de ce pseudonyme à travers lequel il ne serait peut-être pas impossible de reconnaître l'individualité qu'il cache. Mais vous, vous n'êtes pas même Pharès, qui êtes-vous donc ?

L'Indépendance belge pourrait sans doute nous le dire ; elle n'est pas là, et je le regrette du plus profond de mon cœur ; car si je l'avais devant moi, face à face, Dieu m'inspirerait sans doute de telles interpellations qu'elle se trouverait obligée de répondre, de démasquer l'anonyme, de montrer enfin ce lâche ennemi qui se cache sous le voile irresponsable de *l'Indépendance belge.*

Quelle était la situation faite à M. Pamard par cet article du 18 novembre ?

C'était celle d'une défense légitime reposant sur la loi elle-même, sur une loi sacrée tutélaire de la réputation et de l'honneur des citoyens : je suis diffamé par un journal que je ne puis atteindre : Eh bien ! j'avertis les journaux français, je leur interdis de reproduire la diffamation, et s'ils enfreignent cette défense, j'en appellerai aux tribunaux. Voilà ce que dit M. Pamard, dans une protestation qu'il adresse à une feuille de la localité.

Eh bien ! c'est précisément quand cette protestation vient de paraître, que les journaux sont bien et dûment avertis que, dans le numéro du *Courrier du Dimanche* du 24 novembre 1861, paraît l'article que voici :

« Il ne peut nous être défendu de nous amuser des mésaventures de M. le
» docteur Pamard, récemment élu au Corps-Législatif, maire d'Avignon, et
» dénoncé ces jours-ci dans un feuilleton de *l'Indépendanee belge*, comme
» ayant légèrement usurpé le titre de membre correspondant de l'Académie
» de médecine. S'il faut en croire les mauvaises langues qui se permettent
» de diffamer la société contemporaine dans les journaux étrangers, M. Pa-
» mard aurait négligé jadis d'avertir l'Académie du décès de son père,
» membre correspondant de ladite Académie, et aurait continué d'envoyer
» et de recevoir des communications sous le titre de son père, qu'il se serait
» attribué.   -
» Cette façon ingénieuse d'entrer dans une société savante simplifie les
» élections ; *l'Indépendance*, par des pièces authentiques, prouve que M. Pa-
» mard père a été élu, qu'il n'y a jamais eu qu'un Pamard de nommé,
» et que, par conséquent, M. Pamard fils, le député actuel, compte sur les
» mérites de la prescription, pour se targuer d'un titre qu'il n'a jamais régu-
» lièrement obtenu.
» L'histoire est plaisante ; l'Académie, légèrement mystifiée, n'a pas voulu
» avouer son erreur, et, dans un certificat d'une tournure excessivement
» diplomatique, elle déclare que depuis *l'élection de 1825, du 5 juillet, elle
» a toujours compris M. Pamard au nombre de ses correspondants.* Sentez-
» vous bien tout ce qu'il y a d'embarras, de malice dans ce mot *compris ?* Il
» était si facile de dire : Vous avez été élu le 5 juillet 1825 ! Mais non, comme
» c'est M. Pamard père qu'on nomme en 1825, et comme c'est à M. Pamard
» fils qu'on délivre le certificat, il faut bien contenter le mort et le vivant
» par des formules ambiguës.
» Il paraît qu'en 1825, M. Pamard, le député actuel, n'était pas même
» docteur en médecine au moment où il aurait été élu membre correspon-
» dant. *L'Indépendance* fournit des preuves à l'appui de cette assertion ; elle
» démontre jusqu'à l'évidence que le député n'a eu son diplôme qu'au mois
» d'août 1825 ; que son père, médecin distingué, couronné dans un concours,
» figure seul dans les annuaires, et que si, dans un *Dictionnaire de Vau-
» cluse,* on trouve, par hasard, le titre de membre correspondant attribué
» au père et au fils, la raison de cette libéralité se fait sentir quand on pense
» que c'est peut-être M. Pamard fils qui a fourni les éléments de la notice.
» Je n'ai pas à intervenir dans un débat, porté hardiment et franchement

» devant le public. Comment M. le maire d'Avignon répondra-t-il à des
» pièces officielles? Et s'il ne répond pas, quel accueil lui feront ses collè-
» gues du Corps-Législatif, quand il se présentera devant eux? Cette façon
» d'être académicien correspondant, plus expéditive, plus sommaire que
» l'initiation du malade imaginaire, n'est-elle pas de nature à effleurer légè-
» rement la dignité du magistrat municipal et celle du député? Ce sont là
» des questions que je pose sans y répondre. J'ajoute que si j'avais l'hon-
» neur d'être membre ou correspondant de l'Académie de médecine, j'atta-
» cherais une certaine importance à la question. Je ne voudrais pas qu'un
» corps savant eût l'air de couvrir, d'excuser une supercherie pareille; et au
» risque de désavouer ce certificat complaisant qui ne prouve rien, je ferais
» constater, par une délibération sérieuse, l'usurpation commise par M. Pa-
» mard père ou par M. Pamard fils.

» Mais, Dieu merci, je ne suis pas même autant médecin que M. Pamard
» fils l'était à l'époque prétendue des élections. L'affaire ne me regarde pas
» plus que tout le public qui s'en amuse; je n'ai par conséquent aucun inté-
» rêt, aucune animosité à satisfaire dans ce débat : je ne l'ai mentionné que
» parce qu'il est plaisant, et parce qu'il faut bien rire un peu, quand on est
» si gai!... »　　　　　　　　　　　　　　　　　» **LOUIS ULBACH.** »

Il faut rire, soit, puisque vous avez le cœur gai; mais il vous est interdit
de rire en diffamant : consacrez votre talent aux peintures de ces mœurs
singulières que vous connaissez et que votre pinceau a retracées non sans
habileté et sans bonheur, donnez un pendant à *M. et Mme Fernel*, faites rire
le public avec ces fictions innocentes, je ne m'y oppose pas; mais ne vous
mêlez pas à une polémique diffamatoire, surtout pour altérer la vérité,
comme vous l'avez fait dans le récit si gai que vous avez publié dans le
Courrier du Dimanche ; et quand j'accuse M. Ulbach d'avoir altéré la vérité,
même la vérité suivant *l'Indépendance belge*, je ne porte pas une accusation
téméraire. Comment, vous osez dire que *l'Indépendance* prouve par des pièces
authentiques qu'il n'y a eu qu'un seul Pamard correspondant de l'Académie
de médecine et que c'était Pamard père! Comment, vous osez dire qu'il
n'était pas même docteur en médecine à l'époque de l'élection !....

Me **ARAGO.** Il ne l'était pas : sa thèse du doctorat en médecine est du
4 août 1825; l'élection est du 5 juillet.

Me **MATHIEU** Soit; mais il était docteur en chirurgie.

Me **ARAGO.** Depuis six semaines, et voilà son seul titre à une élection
académique.

Me **MATHIEU.** Il était donc docteur en chirurgie et il s'agissait d'une
élection de correspondant dans la section de chirurgie.

Voilà donc ce qu'a publié le *Courrier du Dimanche* dans son numéro du 23 novembre, et je croirais faire injure à vos intelligences en m'arrêtant à démontrer qu'il est diffamatoire au plus haut degré.

Le 26 novembre c'est le tour de la *Gazette de France* : elle est encore moins excusable, s'il est possible, que le *Courrier du Dimanche*, car elle emprunte au *Mémorial de Vaucluse* la protestation de M. Pamard.

Voici l'article : il a pour titre : « **LES MÉSAVENTURES DU DOCTEUR PAMARD.**

» Nous lisons dans le *Mémorial de Vaucluse* :

« Avignon, 22 novembre 1861.

» M. le rédacteur,

» Le 22 janvier 1858 *l'Indépendance belge* publia un article qui m'accusait » d'avoir usurpé le titre de correspondant de l'Académie royale de médecine. » En présence d'une accusation aussi mensongère, je n'avais qu'une chose » à faire, c'était de m'adresser à l'Académie, dont la réponse fut aussi caté- » gorique qu'on pouvait le désirer, et dont voici la copie. »

(Suit la lettre du bureau de l'Académie à M. Pamard, qui a été transcrite plus haut.)

» J'avais lieu de croire que mes calomniateurs seraient réduits au silence. » Je m'étais trompé. Deux nouveaux articles, plus outrageants que le pre- » mier, ont été publiés dans les numéros du 21 septembre et du 18 no- » vembre 1861 de *l'Indépendance belge*. J'ai d'autant plus lieu d'en être » étonné que, à la suite de la première accusation, ce journal publia un article » dans son numéro du 17 février 1858 où il rend justice à mon honorabilité » et où il déclare s'être trompé et qu'il a pu s'assurer, par des pièces authen- » tiques, que j'étais bien et duement membre correspondant de l'Académie » de médecine depuis 1825.

» Malgré cette rétractation il renouvelle ses attaques. Je dois à mon hon- » neur comme homme public et privé, de fermer la bouche à mes calom- » niateurs. Il ne me reste qu'à m'adresser à la justice et c'est ce que je fais » aujourd'hui.

» **PAMARD,**
» maire d'Avignon, député au Corps-Législatif. »

« Le *Courrier du Dimanche*, ajoute la *Gazette de France*, résume ainsi, » dans sa causerie de la semaine, les incidents de la polémique ouverte en- » tre le maire d'Avignon et *l'Indépendance belge*.

(Suit l'article déjà cité du *Courrier du Dimanche*.)

Enfin, dans l'ordre des dates vient un journal qui, lui, n'a pas la préten- tion d'être sérieux ; mais qui, sous une forme spirituelle, plaisante, n'en est pas moins dangereux ; car cette forme est un instrument merveilleusement propre à faire pénétrer dans le public les personnalités et les diffamations du genre de celle dirigée contre le docteur Pamard.

Le 27 novembre 1861, *le Charivari* publiait sous la signature de M. Clément Caraguel l'article que voici :

« On parle beaucoup depuis quelques jours de l'affaire Pamard ; cette
» affaire Pamard rappelle l'affaire Kolombesky, qui prêta fort à rire dans le
» temps.

» On se souvient peut-être d'un certain invalide nommé Kolombeski, qui
» passait pour être âgé de cent trente ans ; tous les curieux qui allaient voir
» l'Hôtel des Invalides ne manquaient pas de contempler ce guerrier phéno-
» mène qui passait pour immortel et qui mourut cependant. On découvrit
» alors que Kolombeski n'avait fait qu'additionner son âge avec celui de son
» père, et que ses cent trente ans se réduisaient à quatre-vingts ans bien
» sonnés. L'Académie de médecine serait, à ce qu'on raconte, victime d'une
» mystification semblable de la part de M. Pamard fils, qui aurait succédé
» sans bruit, et de son autorité privée, à M. Pamard père comme membre
» correspondant de ladite Académie, laquelle ne pourrait revenir de l'éton-
» nement où l'a jetée la longévité miraculeuse de son correspondant d'Avi-
» gnon, car M. Pamard est maire d'Avignon et député au Corps-Législatif.

» Tel est le récit de *l'Indépendance belge*, et cette histoire commence à faire
» le tour de la presse parisienne. M. Pamard menace *l'Indépendance* d'un
» procès; mais ce journal persiste dans son dire et fournit des preuves qui
» ne manquent pas d'une certaine solidité. Sans vouloir décider qui a rai-
» son en cette affaire, il nous semble que M. Pamard a un moyen bien sim-
» ple de fermer la bouche aux calomniateurs, c'est d'exhiber son diplôme
» personnel de membre correspondant de l'Académie de médecine. Je sais
» bien qu'on n'en vint pas à une vérification de papiers avec Kolombeski
» de son vivant, mais Kolombeski n'était ni maire d'Avignon, ni député; ce
» n'était qu'un phénomène. D'ailleurs le Corps-Législatif n'a pas encore reçu
» M. Pamard et il tiendra sans doute à être complétement édifié sur l'au-
» thenticité de ses titres académiques. »

Si j'avais besoin de prouver, poursuit Mᵉ Mathieu, que c'est surtout à l'homme politique qu'on en veut, que c'est bien aux jambes du député d'Avignon que tirent les journaux qui se sont associés dans cette croisade contre M. Pamard, je la trouverais dans les conclusions de l'article du *Charivari*.

Le 5 décembre, il croit avoir besoin d'insister — dirai-je, de se défendre ? — Il comprend qu'en face des menaces légitimes de M. Pamard, un péril véritable existe pour lui. Cependant on veut satisfaire ses passions, exciter le rire du public, appuyer encore, et voici la bonne histoire qu'imagine le *Charivari*.

Il suppose qu'une lettre lui est adressée de Carpentras, par un sieur Isaïe Carcassonne : je dis il suppose, car il est évident...

M. CARAGUEL. Pardon, voici la lettre.

Mᵉ MATHIEU. A votre lettre j'opposerai tout à l'heure un document, et l'on verra après ce qu'il faut en penser. Mais d'abord il faut que j'en donne lecture au tribunal.

» Nous recevons la lettre suivante :

» Carpentras (Vaucluse), le 30 novembre 1861.

» Monsieur,

» Dans votre numéro du 27 de ce mois, vous vous permettez d'insulter
» d'une manière grossière l'honorable M. Pamard, docteur, maire d'Avi-
» gnon, député au Corps-Législatif pour les arrondissements d'Avignon et de
» Carpentras. Si nos compatriotes du chef-lieu laissent passer sans murmu-
» rer vos outrages, les habitants de Carpentras comprennent combien ils
» sont sanglants pour ceux qui, il y a deux mois à peine, acclamaient de
» leurs suffrages unanimes l'honorable M. Pamard qui, quelque temps après,
» était fêté avec enthousiasme dans les cantons de l'Isle et de Cavaillon.
» Si vous aviez pris la peine de lire le discours de M. Bonnet, maire de
» l'Isle, et de M. Tourel, maire de Cavaillon, villes dont l'importance vous
» est connue, vous auriez compris que le mérite, le talent et le dévouement
» de M. Pamard le mettaient au-dessus de vos sarcasmes et de vos plaisan-
» teries de mauvais goût, dont à Carpentras nous avons tous fait justice.
» Nous espérons, monsieur, que, mieux inspiré et après avoir mieux réflé-
» chi, vous cesserez d'insulter un homme qui, comme l'honorable M. Pa-
» mard, a le droit pour lui (et il le prouvera), et si, au contraire, vous con-
» tinuiez vos plaisanteries, vous auriez à en répondre, non pas devant la
» justice, mais devant ceux des électeurs de Carpentras qui se dévoueraient
» pour leur honorable représentant. Au reste, monsieur, je dois vous infor-
» mer que M. le préfet de Vaucluse a fait saisir le *Courrier du Dimanche*
» dans le Cercle d'Avignon, et que cette feuille sera par lui poursuivie de-
» vant les tribunaux, parce que notre honorable premier magistrat ne peut
» pas laisser ainsi mépriser l'homme qu'il a présenté au choix des électeurs.

» J'espère monsieur, que vous pèserez ces réflexions sages et bienveillan-
» tes, et que nous n'aurons plus le regret de lire vos plaisanteries de mauvais
» goût dans votre très-estimable journal.

» Recevez, monsieur, l'assurance de mes sentiments distingués,

» **ISAIE CARCASSONNE,**
» Négociant, grand'rue du Marché, à Carpentras (Vaucluse). »

Voilà la lettre d'Isaïe Carcassonne. On nous dit que cette lettre existe. Eh ! mon Dieu, je ne dis pas non : la lettre peut exister, être timbrée même..., mais j'ai trop d'estime, trop de confiance dans l'esprit de M. Caraguel, pour penser que, bien que venant de Carpentras et signée Isaïe Carcassonne, elle ait pu lui paraître un seul instant sérieuse.

Cependant il ajoute :

« En vérité, M. Pamard a des amis bien maladroits à Carpentras et qui
» seraient mieux avisés d'imiter la sage réserve de ses amis d'Avignon. Ils
» nous forcent, par une lettre tapageuse et menaçante, à nous occuper de
» nouveau d'une affaire sur laquelle nous n'avions pas l'intention de reve-
» nir, du moins quant à présent, et pour comble d'habileté, ils affectent de
» trouver plaisante une affaire très-sérieuse pourtant : M. Pamard lui-même,
» nous en sommes convaincus, ne pense pas qu'elle soit d'une gaieté
» folle.

» En somme, de quoi s'agit-il ?

» M. Pamard, père du député d'Avignon et de Carpentras (puisque Car-
» pentras y tient), était membre correspondant de l'Académie de médecine ;
» à sa mort, son fils, le docteur Pamard actuel aurait hérité de sa clientèle
» et de son titre de membre correspondant sans en prévenir l'Académie et
» sans s'informer si cet arrangement lui convenait. En d'autres termes, il
» se serait nommé membre correspondant de l'Académie de médecine de sa
» propre autorité et à l'insu de tout le monde. Voilà ce que raconte *l'Indé-
» pendance belge*, et ce qu'ont répété après elle divers journaux de Paris,
» entre autres une feuille spéciale de médecine.

» Nous n'avons pas pris sur nous de décider si cette imputation était fon-
» dée : nous avons dit seulement que la chose était assez grave pour valoir
» la peine d'être tirée au clair, et que le Corps-Législatif, qui n'avait pas
» encore prononcé l'admission de M. Pamard, demanderait sans doute aupa-
» ravant à être édifié sur l'authenticité de ses titres académiques.

» Cela va de soi, et les amis de M. Pamard ont grand tort de faire tant de
» tapage pour une affaire aussi simple. On pourrait croire qu'ils cherchent à
» effrayer leurs contradicteurs ou à embrouiller la question, ce qui ferait
» supposer qu'ils ont une médiocre confiance dans la bonté de leur cause.
» Ce procédé bruyant est renouvelé des Chinois qui poussent de grands cris
» et se livrent à un affreux tintamarre de tams-tams et de chaudrons entre-
» choqués les uns contre les autres, pour jeter l'épouvante dans le sein des
» guerriers ennemis. Mais cela ne réussit guère qu'en Chine, et encore ! On
» nous avait bien dit que Carpentras, que les géographes s'obstinent à placer
» en France, était en réalité un faubourg de Pékin, mais nous ne voulions
» pas le croire. A quoi pense donc notre correspondant de n'avoir pas illus-

» tré sa lettre de diables verts, de monstres cornus et de chats hérissés,
» comme on en voit sur les drapeaux chinois ? Deux ou trois dragons à queue
» fourchue et vomissant des flammes n'auraient pas fait trop mal non plus.
» Il doit y avoir en abondance de ces farouches emblèmes dans l'arsenal de
» Carpentras.

» Pour en revenir au fond de l'affaire, notre correspondant assure que
» M. Pamard «a le droit pour lui et qu'il le prouvera.» Nous n'avons jamais
» dit le contraire. Nous pensons bien que M. Pamard a en main les pièces
» qui établissent l'authenticité de son titre de membre correspondant de l'A-
» cadémie de médecine, et nous sommes sûrs qu'il ne demande pas mieux
» que de les produire ; on trouve seulement qu'il les fait bien attendre.

» CLÉMENT CARAGUEL. »

J'ai parlé tout à l'heure d'un document. Nous avons eu, en effet, la curiosité d'interroger les rues, les actes de l'état civil de la ville de Carpentras, pour y découvrir le nom et la personnalité du signataire de la lettre, et nous n'avons rien trouvé. C'est ce que constate un certificat qui nous a été délivré par le commissaire de police de Carpentras.

M⁰ Mathieu donne lecture de ce certificat, d'où il résulte que, recherche faite dans la rue indiquée par *le Charivari* au bas de la signature Isaïe Carcassonne, on n'a trouvé personne de ce nom et que s'il y a, en effet, des Carcassonne à Carpentras, aucun d'eux ne porte le prénom d'Isaïe.

Voilà mon document, continue M⁰ Mathieu, le tribunal appréciera ; mais je suis heureux, pour ma part, d'avoir provoqué cette affirmation que la lettre existe au dossier du *Charivari*. Le tribunal la retiendra : il me permettra de la voir, de l'examiner à mon tour, et qui sait — Dieu est là, — si M. Pamard ne parviendra pas à y reconnaître une main qu'il croit connaître déjà, cette main anonyme qui le poursuit et défraie de calomnies le dossier de nos adversaires.

Faisant grâce au tribunal de l'article de *l'Indépendance* des 13 et 14 décembre, j'aborde la discussion.

Le droit, je ne l'invoque pas ici pour me soustraire au fait, mais nous sommes ici dans une matière spéciale, et il importe de rappeler les principes et de fixer la limite légale du débat.

Le terrain, le voici : à moins qu'il s'agisse d'un fonctionnaire public, la preuve des faits que vous articulez contre l'honneur d'un homme est impossible, et je serais réduit à vous accorder que M. Pamard n'a jamais été correspondant de l'Académie de médecine, que j'aurais encore le droit de dire : C'est là un fait qui ne vous appartient pas. Si M. Pamard a commis un délit, vous avez le droit de le dénoncer, à vos risques et périls, à peine de dénonciation calomnieuse ; — mais vous ne pouvez aller plus loin : quant à la divulgation par la voie de la presse, elle est impossible, du moment où le fait divulgué par vous contient une imputation diffamatoire?

Or, faut-il que j'essaie de démontrer que le fait imputé à M. Pamard est diffamatoire au plus haut degré? Comment, ce ne serait pas porter atteinte à son honneur que de dire que son père seul a été nommé correspondant de l'Académie, mais que pour lui il ne l'a jamais été, qu'il a volé ce titre honorable et qu'il compte sur la prescription pour consacrer son usurpation, son vol? Comment ce ne serait pas là de la diffamation !

Et si cela est certain, est-ce que mon procès n'est pas gagné? Est-ce que les adversaires peuvent exciper de leur bonne foi? La bonne foi ! en matière pareille, elle ne peut consister à dire que l'on a cru vrais les faits qu'on articule, à invoquer des preuves à l'appui de ces articulations ; non : il n'y a pas de bonne foi quand il ne peut y avoir de doute sur le caractère des faits imputés : ces faits sont-ils, oui ou non, diffamatoires en eux-mêmes? Qu'ils soient vrais ou faux, tel est le seul terrain sur lequel l'excuse de bonne foi peut se produire. Eh bien ! prenons l'article et voyons si les adversaires ont pu se faire illusion sur la portée de leurs articulations, si le fait qui leur sert de base est indifférent ou s'il est de nature à porter atteinte à l'honneur et à la considération de M. Pamard.

Et qu'on ne dise pas que c'est là une doctrine rigoureuse, inventée à plaisir : je l'emprunte aux écrivains les plus considérables, au grand jurisconsulte anglais Erskine, à nos commentateurs les plus autorisés de nos lois sur la presse.

Me Mathieu, après avoir cité deux passages, l'un tiré des œuvres d'Erskine, l'autre du livre de M. Chassan sur la presse, continue en ces termes :

Ceci dit, j'abandonne ce terrain, sauf à y revenir si les principes que j'ai posés sont contestés par mes adversaires, et j'aborde le fait qui a donné lieu au procès.

Je vais prouver que M. Pamard fils a été élu membre correspondant de l'Académie au mois de juillet 1825.

Où est, nous dit-on, le procès-verbal qui constate que c'est vous et non pas votre père qui avez été élu par l'Académie de médecine? Et invoquant les articles 54 et 59 du règlement de cette Académie, aux termes desquels il est dit qu'il n'est pourvu à une vacance qu'après un délai de trois mois et après une série d'épreuves déterminées, on s'empare de ces dispositions, et on lui dit : vous avez été élu le 25 mai 1825 : or, trois mois auparavant, vous n'étiez pas même docteur : comment avez-vous pu vous porter candidat, et comment l'Académie a-t-elle pu nommer un homme qui, au moment de sa candidature, n'était même pas docteur? Expliquez cela si vous pouvez, et tant que vous n'aurez pas détruit cet argument, il y a là contre vous une preuve écrasante que celui qui a été nommé en 1825 est votre père, le vieux praticien d'Avignon, le lauréat de 1793, héritier de deux générations de médecins. — Vous, vous n'aviez que vingt-trois ans : il est impossible que vous ayez été nommé.

Je réponds :

L'Académie de médecine a été constituée en décembre 1820. Elle était divisée en trois sections, médecine, chirurgie, pharmacie : elle avait des membres résidents dont le nombre était déterminé : elle devait avoir aussi des membres correspondants. Or, en avril 1825, ni l'une ni l'autre section n'avait encore songé à choisir ses membres correspondants : on s'en occupa enfin, et l'on fit, sans observer les délais dont on a parlé et qui ne s'appliquaient qu'aux membres résidents, une fournée de deux cents membres sur lesquels soixante-treize furent nommés par la section de chirurgie.

Serait-il vrai qu'alors M. Pamard père aurait été élu? Vous allez voir que c'était impossible.

A Avignon, M. Pamard père avait sans nul doute une grande situation médicale : il en était un des chirurgiens les plus renommés : cependant, il était simplement maître en chirurgie : c'est le titre qu'il portait lorsque le Comtat-Venaissin fut réuni à la France, et jamais ce titre de maître en chirurgie il ne l'a fait vérifier par une Académie quelconque, jamais non plus il ne s'est soumis, pour l'échanger contre celui de docteur, à des épreuves auxquelles la dignité de son âge et de sa position ne lui permettait pas de se soumettre.

Il s'intitulait modestement officier de santé : c'est la qualité qu'il prend dans un acte dont je vais donner lecture au tribunal.

Après avoir lu cet acte, Me Mathieu reprend ·

On lui propose alors, il est vrai, d'être membre de l'Académie. Qui? des hommes illustres, ses compatriotes, Boyer, Roux, Marjolin et cet autre docteur, qui n'était pas un très-grand médecin, mais qui a laissé un nom dans la science philosophique, j'ai nommé Pariset. Il était naturel, en effet, qu'ils songeassent à lui : ce fut Bouillaud qui fut chargé de faire la démarche. M. Pamard père, tout reconnaissant de l'honneur que lui faisait l'Académie, le déclina toutefois, il sentit qu'il touchait au terme de sa carrière, il réfléchit qu'il avait un fils, et que ce serait un beau fleuron à ajouter à la jeune renommée de celui qu'il voyait déjà un digne héritier de son nom et de ses travaux.

Bouillaud présenta donc le jeune Pamard, en compagnie de son camarade Delpech, au baron Portal, qui présidait alors l'Académie, et il fut décidé qu'il serait nommé.

On affirme qu'à cette époque, il n'était pas encore docteur : on se trompe, il était docteur en chirurgie : il avait passé sa thèse où, résumant les beaux travaux de la famille Pamard sur les maladies des yeux, il avait traité de la *cataracte*. Au titre de docteur, il joignait encore ceux d'interne des hôpitaux, de membre de l'école pratique et de la Société des bonnes études, qui lui avait décerné une médaille d'or.

Il était docteur, et c'était là en effet, aux termes du règlement de l'Académie, un titre indispensable. Il est bien vrai que, dans son article 8, l'ordonnance du roi Charles X semble prêter à l'équivoque, en ce sens que parmi les personnes aptes à devenir correspondants de l'Académie, elle énumère les officiers de santé. Mais en remontant aux sources, on peut se convaincre qu'on entendait par là, en 1825, les officiers de santé de terre et de mer. Or M. Pamard père n'avait pas ce titre ; il était, comme je l'ai dit, officier de santé tout simplement, et par conséquent en dehors des conditions exigées par les statuts académiques.

M. Pamard fils fût-il réellement nommé à cette époque? *L'Indépendance belge*, dans un article postérieur, du 13 décembre 1861, rend compte d'un comité secret de l'Académie où la question qui s'agite ici aurait été discutée. Parmi les membres cités comme ayant pris part à cette discussion, figure M. Velpeau. L'illustre professeur avait été en effet, autrefois, chef de clinique du docteur Bougon dont vous savez que M. Pamard fils était l'élève : ces études, commencées sous le même patronage, ils les avaient continuées ensemble, et il était, par conséquent, naturel que M. Velpeau prît en main la défense de son ancien condisciple. C'est ce que raconte en ces termes le narrateur anonyme :

« A ce moment, M. Velpeau monte à la tribune. Il plaide en faveur de
» M. Pamard ; mais l'orateur n'est pas dans un de ses bons jours; sa plai-
» doirie est pâle, terne, embarrassée. Cependant il déclare — et cette dé-
» claration, sortie de cette bouche, est considérable — qu'il a été *témoin* de
» la nomination de M. Pamard fils, alors que lui était chef de clinique de
» M. Bougon.

» M. Velpeau aurait dû supprimer quelques anecdotes d'amourettes qui
» ont pu amuser, il y a plus d'un tiers de siècle, le quartier des Cordeliers,
» et l'histoire d'un punch donné à l'occasion de cette élection; vrai roman
» chez la portière, disait-on autour de moi. M. Velpeau ajoute deux argu-
» ments, je dirais plutôt deux moyens d'avocat un peu plus sérieux. On les dit
» empruntés à un article du *Messager du Midi*. D'une part, c'est la demande
» de noms, d'âge et de titres faits à M. Pamard fils par l'Académie, en 1829,
» deux ans après la mort du père, pour le placer dans l'*Annuaire* parmi les
» membres correspondants. D'autre part, c'est le refus du père de se porter
» candidat, par suite de la croyance où il était que son titre de correspon-

» dant de l'ancienne Académie de chirurgie était l'équivalent du titre nou-
» veau. »

De cet article je retiens ceci : Que M. Pamard fils a été nommé en 1825,
que M. Velpeau l'atteste, le proclame, et que si son témoignage était invoqué
à cette audience, certainement il ne nous manquerait pas.

Ici vont intervenir maintenant les actes de l'Académie elle-même.

Le règlement de l'Académie, nous dit-on, ne s'appliquant qu'aux places
devenues vacantes, il fallait de toute nécessité attendre pour la candidature
de M. Pamard fils, que le délai de trois mois fût expiré. Je réponds encore
une fois que cette condition n'était exigée que pour les membres résidents.
Quant aux membres correspondants, dont le nombre était illimité, il était
naturel qu'elle ne leur fût pas applicable. L'Académie avait 400 places à donner, 200 dans la section de médecine, 200 dans celle de chirurgie.

Me ARAGO 179.

Me MATHIEU 179 soit : mais trouver 179 chirurgiens ayant tous des titres
anciens et sérieux n'était pas chose facile, et l'embarras de l'Académie de
médecine, à cette occasion, se trahit dans le rapport suivant de M. le professeur Moreau sur une place de membre-adjoint correspondant.

L'avocat donne lecture de ce procès-verbal, puis de la lettre adressée par
l'Académie de médecine et par laquelle elle instruit M. Pamard que l'Académie l'a toujours compris sur la liste de ses correspondants.

Où est cette liste ? continue Me Mathieu ; que nos adversaires le disent s'ils
le savent ! Pour nous, tout ce que nous savons, c'est que, par un hasard
dont nous ne sommes pas responsables, je suppose, cette liste n'a pas été
incorporée au procès-verbal, qu'elle n'a pas été déposée aux archives, ou
que, y ayant été déposée, elle en a disparu.

Sur ce procès-verbal on trouve donc un Pamard nommé en juillet 1825, à
Avignon.

Et pourquoi ne serait-ce pas Paul Pamard ? pourquoi pas celui qui était
patronné par Bouillaud, par Portal, par Pariset ?

On lui oppose la fraîcheur de son titre de docteur. Eh bien ? nous avons
consulté les registres de l'Académie, et nous avons constaté qu'il n'était pas
le seul au titre duquel on pût reprocher une date aussi récente : Hubert,
5 juin 1823 ; Lachèze, Miraut, Morin, Laurent Michel, 20 novembre 1824 !

Mais ce titre, pourquoi l'aurait-il usurpé ?

Pamard père meurt en 1827. Quelle est à cette époque la situation du fils ?
Est-ce une situation humble, subalterne à ce point qu'elle puisse lui inspirer la funeste pensée d'usurper sur son père mort un titre qui ne lui appar-
tiendrait pas ? Riche de trois générations de médecins justement renommés,
il est entré dans la carrière en 1825, sous les yeux de son père : il a été initié

par lui à sa clientèle ; il a conquis dans l'exercice de son art une réputation telle qu'il a été nommé chirurgien en chef des hôpitaux civil et militaire d'Avignon ; il devait avoir de légitimes espérances d'arriver au but de son ambition, et ce titre, qu'il pouvait ne devoir qu'à lui-même, il l'aurait usurpé pour le mettre dans sa poche et le produire plus tard, alors qu'il n'aurait eu qu'à se présenter pour le conquérir ! — Mais c'est invraisemblable, c'est impossible !...

Allons plus loin. En 1829, l'Académie s'aperçoit un peu tard que ses procès-verbaux de 1825 sont insuffisants, que la liste qu'elle possède ne désigne pas d'une manière suffisamment précise l'individualité de ses membres correspondants, et alors elle envoie à chacun d'eux un questionnaire par lequel elle leur demande l'indication de leurs nom, prénoms, âge, qualités, etc... Ce questionnaire, il est adressé à M. Pamard fils. Voici la lettre, voici l'adresse.

Certes, à ce moment, s'il y a eu une supercherie, elle va se dévoiler. Voyons, à partir du 1er juin 1829, il y a eu une liste, une liste régulière cette fois. A-t-elle, oui ou non, compris au nombre des membres correspondants M. Paul-Marie Pamard ? L'Académie a déjà répondu oui ; il a envoyé ses noms qui ont été inscrits, non pas d'une manière subreptice, mais régulièrement, au grand jour : il a dénoncé tout haut son individualité. Eh bien ! à ce moment, sa lettre à la main, il était facile de lui dire : celui que l'on a nommé, ce n'est pas vous, c'est le vieux Pamard, l'officier de santé. Ils vivaient alors, les contemporains du vieux Pamard : plus tard, en 1834, Boyer, Roux, Pariset, Marjolin, existaient encore. Et parmi tous ces hommes, il ne s'en serait pas trouvé un seul pour démasquer la fraude ! Voyons, n'ai-je pas raison de dire que c'est là la plus certaine des preuves !

Depuis lors, M. Pamard a continué à correspondre avec l'Académie : il y a mieux, en 1832, il assiste aux séances et prend part, comme nous l'apprennent les procès-verbaux, aux discussions des questions relatives au choléra.

Me Mathieu résume cette partie de sa plaidoierie et continue ainsi :

Que reste-t-il maintenant ?

Un article du *Dictionnaire de Vaucluse*, rédigé par M. le docteur Barjavel, sur la famille Pamard. On prétend que cet article ne serait que la reproduction de documents envoyés par M. Pamard lui-même : il y aurait même, s'il faut en croire *l'Indépendance belge*, une note qui le constaterait. J'ai cherché la note et je ne l'ai pas trouvée. *L'Indépendance* se trompait donc, — je me sers du mot poli.

Oui, cet article indique en effet que M. Pamard père, le lauréat de 1793, aurait été nommé membre correspondant de l'Académie de chirurgie. Tout ce que je puis dire, c'est que c'est là une erreur, une inexactitude évidente. Je ne conteste pas qu'il n'y ait eu qu'un seul Pamard, correspondant de l'Académie; mais ce Pamard était le fils et non le père.

Je n'ai plus à réfuter qu'une dernière objection tirée de l'acte de décès de M. Pamard le père, acte sur lequel le décédé est qualifié de membre correspondant de l'Académie de médecine. Je réponds à cela que cet acte n'est pas opposable à M. Pamard fils; car ce n'est pas lui qui a fait la déclaration; c'est un parent, M. Chauffard, ancien maire d'Avignon; et si l'on examine l'acte, on voit que la qualification y a été ajoutée après coup. Il n'y a donc là qu'un excès de zèle de famille dont, en aucun cas, M. Pamard fils ne saurait être responsable.

Mais il faut finir. Il ne me reste plus maintenant qu'à recommander à votre attention la lettre si digne adressée par M. Pamard à l'Académie de médecine, et la réponse qui lui a été faite. On dit que cette lettre est captieuse, et l'on ne voit pas que ce n'est pas seulement M. Pamard, mais l'Académie, mais son honorable président que l'on insulte. Et pourquoi donc cette lettre n'aurait-elle pas autorité? Qu'y a-t-il d'ambigu dans son texte? L'Académie n'avait pas ici à conférer un nouveau baptême à celui qui avait été nommé en 1825, reconnu en 1829. Elle n'avait qu'à ce.tifier la situation de M. Pamard, et elle l'a fait dans des termes qui ne sauraient donner lieu à la critique.

J'ai prouvé que les imputations dirigées contre M. Pamard n'étaient pas seulement diffamatoires, mais qu'elles étaient calomnieuses, et je ne doute pas que le tribunal n'en fasse bonne et sévère justice.

Mᵉ EMMANUEL ARAGO, avocat de M. Louis Ulbach, répond en ces termes :
Messieurs, s'il est des journalistes, — on en connaît peut-être, — qui fassent de la presse un instrument cruel de diffamation, comme vous l'affirmait en termes chaleureux, mal appliqués ici, l'éloquent avocat de M. le docteur Paul-Antoine-Marie Pamard, ceux-là, je les méprise; je ne les ai jamais défendus, je ne les défendrai jamais; et j'estime de tout mon cœur l'honorable écrivain, mieux encore pour moi, l'ami que je viens assister dans cette étrange cause. — Étrange, car personne, aucun homme de lettres, aucun homme de science, n'avait jusqu'à ce jour entendu discuter, je ne dis pas ses titres aux suffrages de ses confrères, mais la réalité, l'existence légale d'un titre académique porté depuis longtemps. — Étrange, car celui qui devrait, ce me semble, appeler la lumière sur les obscurités de sa situation, veut s'envelopper de ténèbres en nous assignant devant vous, à la barre correctionnelle, bien assuré qu'une loi rigoureuse interdira demain le compterendu des débats. — Étrange, car il pense, car il écrit lui-même dans l'assignation que son véritable adversaire est *l'Indépendance belge;* car, le

23 novembre, dans une feuille de chez lui, dans le *Mémorial de Vaucluse*, il menaçait *l'Indépendance* d'un procès immédiat, d'une plainte lancée déjà; et quand, le 10 décembre, il commence la lutte, c'est à nous qu'il s'adresse, à nous journaux français, qui n'avons rien été, dans toute cette affaire, que les échos très-affaiblis des révélations du journal de Belgique; c'est à nous qu'il demande, en réservant d'ailleurs au ministère public le soin de requérir l'application des peines, la fort modeste somme de 50,000 francs !

Il fait, je le sais bien, plaider à l'audience, — vous venez de l'entendre ! — qu'il regrette profondément de ne pouvoir se mesurer avec le journal belge, avec son ennemi, le détestable auteur des affirmations !... — De ne pouvoir ! comment cela? Est-ce que la Belgique n'a pas de tribunaux? Est-ce que l'étranger n'est pas libre, partout, de porter une plainte contre un diffamateur? — Et c'est le défenseur de M. Paul Pamard, c'est mon confrère, Mᵉ Mathieu, qui soutient ce système, lui qui vient de gagner, devant ce tribunal, le procès Woronzoff! — Allons, pas de défaites ! M. Pamard ne s'en prend qu'à nous seuls, parce qu'il prévoit trop les périlleuses chances d'un débat au grand jour.

Ces choses dites, messieurs, pour vous expliquer avant tout, pour caractériser nos positions respectives, j'aborde la défense de M. Louis Ulbach.

On vous a lu l'article incriminé. Or, nous avons appris, de trop ancienne date, qu'un même article de journal, lu tour à tour par la voix qui l'accuse et par celle qui le défend, produit des effets très-divers : d'un texte unique on tire deux épreuves qui ne se ressemblent pas. Je le relirai donc; mais je dois d'abord rechercher, — à propos du fait grave dont il s'agit entre nous, de l'usurpation, plus ou moins évidente, d'un titre qui n'est pas un simple titre honorifique, d'un titre qui s'attache à des fonctions sérieuses, qui donne influence et profit, qui confère des droits, et qui n'est accordé que par l'élection, — ce que savait M. Louis Ulbach lorsqu'il a pris la plume.

Il avait devant lui *l'Indépendance belge*, les deux articles désignés, notés, guillemetés, dans l'assignation qui ne s'adresse qu'à nous; — d'où je conclus, pour ma défense, à la nécessité de placer sous vos yeux l'analyse de ces articles, — quoique le rédacteur de l'assignation nous reproche surtout d'avoir cité la source de nos renseignements et d'avoir mis M. Pamard en demeure de répondre à *l'Indépendance belge*, armée de pièces authentiques.

Le 21 septembre 1861, on écrit à *l'Indépendance* : « Vous avez raconté,
» comme tous les journaux, l'élection de M. Pamard, concurrent de M. Léo-
» pold de Gaillard, à Avignon. Vous avez aussi, je crois, fait allusion à son
» élection à l'Académie de médecine. Cette dernière mérite d'être signalée,
» observée, et je la recommande aux praticiens qui craindraient l'effet du
» scrutin.

» M. Pamard avait un père, membre de l'Académie de médecine de Paris ;
» quand il mourut, son fils, M. Pamard, le nouveau député, négligea d'a-
» vertir l'Académie de cette perte. Il continua à correspondre comme avait
» correspondu son père avec le corps savant, et tout le monde dans le pays,
» croyant qu'il avait passé par un scrutin, le regardait comme le successeur
» élu de son père. A l'Académie de Paris, quand on recevait des communi-
» cations de M. Pamard, on s'extasiait sur sa verte vieillesse. Enfin, un jour,
» pourtant, un membre hasarda cette timide observation :
» — Il doit être centenaire, M. Pamard.
» — Plus que centenaire.
» — Et cette longévité ne fait pas plus de bruit que ça ?...
» On écrivit à Avignon, on s'informa, et l'on apprit que M. Pamard père
» était mort depuis longtemps, que son fils avait endossé sa gloire, qu'il
» passait pour membre de l'Académie de médecine, qu'il méritait, à coup
» sûr, de l'être ; mais qu'il ne l'était pas. »

Curieux de nouvelles, comme tout chroniqueur, M. Louis Ulbach trouve l'anecdote piquante ; mais le fait raconté sans dates, sans détails, sans piè-ces à l'appui, lui paraît au moins improbable : il n'en dit pas un mot dans ses causeries de quinzaine. Deux mois s'écoulent cependant, deux mois durant lesquels le monde médical, tout le monde scientifique, sévèrement ému, s'oc-cupe du fait en question ; puis, le 18 octobre, *l'Indépendance* nous apporte un long factum, intitulé : *les titres académiques de M. le docteur Pamard,* Mémoire que mon honorable adversaire vous a lu tout entier.

C'est alors seulement, cinq ou six jours après la réception de cet article, au milieu des bruits qui circulent, en présence des dates scrupuleusement vérifiées, des livres qu'on se montre, des annuaires, des rapports, des bul-letins officiels, que M. Louis Ulbach rompt le silence et dit :

(M⁰ Arago lit de nouveau l'article du *Courrier du Dimanche* déjà lu par M⁰ Mathieu, et continue :)

Voilà, messieurs, tout notre crime, et je déclare franchement qu'en pesant bien ces quelques phrases, après avoir revu les accusations nettement for-mulées de *l'Indépendance belge*, si menacée... de loin, je ne saurais com-prendre l'action dirigée contre M. Ulbach dont le seul tort, — expliqué selon moi par la tendance naturelle d'un esprit moins sévère que finement rail-leur, — serait peut-être d'avoir ri, d'avoir souri plutôt, d'un fait audacieux où je ne vois rien de risible.

Il se borne, en effet, sans affirmations, n'exprimant que des doutes, tant il est modéré ! à rapporter brièvement ce que publie *l'Indépendance belge*, pour arriver à cette conclusion : « l'affaire ne me regarde pas plus que
» le public qui s'en amuse ; je n'ai par conséquent aucun intérêt, aucune

» animosité à satisfaire dans ce débat ;... mais comment M. le maire d'Avi-
» gnon répondra-t-il aux pièces de *l'Indépendance ?*

Comment il répondra ? M. le maire répond, mais nous répond à nous,
Louis Ulbach, Clément Caraguel, Louis Huart, Aubry-Foucault, solidairement assignés : 1º Que les imputations dont il se plaint s'étaient déjà produites en 1858 dans *l'Indépendance belge ;* qu'il a reçu à cette époque une
déclaration du bureau de l'Académie ; que, le 2 février, le *Moniteur des Hôpitaux* lui avait rendu pleine justice ; 2º (ce sont les propres termes de l'assignation), que, si les journaux le *Courrier du-Dimanche*, le *Charivari*, la
Gazette de France avaient fait les moindres recherches, ils auraient reconnu
la fausseté des explications et des détails fournis par *l'Indépendance.*

Voyons ! Des précédents indiqués par M. Pamard, pour établir sans doute
la mauvaise foi du journal belge, — je me trompe, la nôtre, — nous n'en
connaissions qu'un, relaté dans *l'Indépendance* et dont nous parlerons tout à
l'heure, la déclaration du bureau de 1858. Quant aux autres, j'avoue que
nous n'en savions rien. Tout ce qui concerne M. Pamard n'est pas historique
à tel point qu'on ne puisse l'ignorer.

Supposons, cependant, que nous ayons eu entre les mains le *Moniteur des
Hôpitaux* du 2 février 1858, le véritable article, l'article entier de M. Castelnau,
défenseur de M. Pamard, non l'article tronqué, comme on le réimprime dans
le *Mémorial de Vaucluse*, dans le *Messager du Midi ;* nous y aurions lu :

« Plaçons-nous dans la pire hypothèse : admettons que M. Pamard, en-
» traîné par la fougue de la jeunesse, se fût oublié, il y a trente ans, jusqu'à
» se substituer à son père ; qu'a-t-il fait depuis lors ? N'a-t-il pas travaillé
» plus que la plupart des correspondants et même des titulaires de l'Acadé-
» mie ? N'a-t-il pas conquis, par des moyens légitimes, une grande position
» médicale et une belle position sociale ? N'a-t-il point par là, hautement
» honoré, nous ne dirons pas l'Académie, mais encore la profession tout
» entière ? Quel intérêt y aurait-il donc, pour la profession, à le faire tomber
» du piédestal où il a su monter et dont il se montre digne, au moins depuis
» trente ans ?... »

Cette péroraison nous eût-elle édifiés ? Non. Dès que l'avocat admet par
hypothèse la vérité des faits, plaide pour son client les circonstances atté-
nuantes, c'est que la cause est bien obscure.

Obscure ? Elle l'était ; elle ne l'est plus à présent, aux yeux mêmes des signataires de la fameuse déclaration de 1858, qui se termine par ces mots :
« L'Académie vous a toujours *compris* au nombre de ses correspondants » et
j'admire M. Pamard d'invoquer ce certificat avec tant d'assurance !

« L'Académie vous a toujours *compris !* » Pourquoi donc pas « vous a *nommé?* » Compris ! Ce compris-là se comprend à merveille. Il est, pour ne rien dire et n'engager personne, d'une clarté vraiment presque phénoménale dans la langue diplomatique. Il répond, et ne répond pas : — Je vous demande, messieurs, de déclarer que vous m'avez élu... — Nous déclarons, monsieur, que, depuis cette époque, nous vous avons compris !... etc. »

Cela constate un fait absolument certain, la possession du titre, l'exercice des fonctions ; mais le fait dénié, le fait de l'élection ? Non, pas le moins du monde ; et c'est bien à dessein que, ne voulant pas dire : L'Académie vous a nommé, — on s'est tiré d'affaire par le : vous a compris !...

Je passe ; j'en sais trop ! — Que M. Paul Pamard revoie les signataires de 1838, qu'il obtienne de tous, je dis de *tous*, le changement du mot *compris*. Je le mets au défi de faire écrire par eux : « L'Académie vous a nommé ! »

Jusque-là, je maintiens que la déclaration dont se targue M. Pamard n'était pas de nature à faire naître des scrupules dans l'esprit des lecteurs de *l'Indépendance belge*, de M. Louis Ulbach rédigeant sa chronique.

Les plus simples recherches, s'écrie M. Pamard, vous auraient éclairé.

Des recherches, messieurs ? M. Louis Ulbach en avait fait de très-complètes sur l'élection de 1825, élection dans laquelle le seul nom de Pamard, sans désignation, sans prénom, aurait signifié Pamard fils ; — le père (Jean-Baptiste-Antoine Bénézet) étant alors célèbre dans tout le midi de la France, chirurgien en chef de l'Hôtel-Dieu d'Avignon, ancien lauréat et correspondant de l'Académie de chirurgie, etc...; — le fils (Paul-Antoine-Marie) notre adversaire... encore étudiant ! n'ayant encore passé qu'une de ses deux thèses ! le fils, obligé de prétendre, pour s'attribuer les suffrages, que son vieux père ne pouvait être élu, qu'il n'était pas docteur ; et qu'on l'a nommé, lui, jeune homme de 23 ans, en considération des services de son père, de son grand-père, de son aïeul. Election par héritage, par avancement d'hoirie !...

Ah ! laissez-moi vous dire, avant d'aller plus loin, que si le sens commun ne se révoltait pas contre une telle idée, je pourrais regretter que l'on ait aussi tard divulgué cette mode ; car j'ai connu jadis, *assez intimement*, des fils d'académiciens, qui, ne l'étant pas eux-mêmes, et ne devant pas l'être, auraient pu se sentir quelque velléité de le devenir par rencontre, à ce bon marché-là.

Mais non, c'est infaisable ! Aucune Académie, dans l'ordre des sciences, j'aime à le proclamer (mon héritage à moi, je le veux tout moral), ne s'est jamais prêtée à de pareils calculs. Cela ne s'est pas fait ! — et toutes les raisons que l'on allègue dans ce sens sont de pitoyables raisons.

— M. Pamard, le père, n'était pas éligible ? « Il n'avait pas voulu, prétend » notre adversaire, lors de la réunion du Comtat-Venaissin à la France, en

» 1791, faire réviser son titre de maître ès-chirurgie, obtenir celui de doc-
» teur. » Nous répondons : Le titre de docteur n'était pas exigé pour l'élection des membres et correspondants de l'Académie de médecine. L'article 8
du règlement constitutif de 1820 est, en effet, ainsi conçu :

» Les adjoints (correspondants) seront choisis de préférence parmi les
» médecins, chirurgiens, *officiers de santé*, etc... »

D'ailleurs, je vais citer au tribunal les noms, bien justement célèbres, d'anciens membres de l'Académie de médecine qui n'étaient que maîtres-ès-
chirurgie : Andral père, Dubois, notre illustre Dubois, Evrat, Grattereau,
Pelletan père, Sue, etc... D'ailleurs, enfin, M. Pamard le fils, passant sa thèse
de chirurgie le 19 mai 1825, six semaines avant l'élection, la dédiait à son
père (Antoine-Bénézet), *docteur en chirurgie!*

La thèse, la voilà !

Si, donc, on présentait au scrutin de l'Académie M. Pamard fils, il fallait,
tout au moins, en avertir l'assemblée.

Or, l'élection du 5 juillet 1825 a eu lieu sur le rapport de M. Moreau.

Dit-il, M. le professeur Moreau,—je lui demande pardon de cette supposi-
tion,—qu'au milieu d'hommes considérables proposés à l'Académie, de chirurgiens ou chefs d'hôpitaux de province, (comme M. Pamard père,) il se
trouve un jeune homme de vingt-trois ans, M. Pamard le fils, n'ayant encore passé qu'une seule de ses thèses, et qu'on devra l'élire, à cause du nom
de son père, *oublié* sur la liste? En parle-t-il? Lisons.

M⁰ Arago donne ici lecture du rapport de M. Moreau qui se résume ainsi :

» La commission a mis au nombre des titres pour être admis comme ad-
» joint correspondant, d'être chirurgien d'un hôpital, soit civil, soit mili-
» taire ou de la marine, ou d'avoir appartenu à l'ancienne Société de la
» Faculté de médecine, ou d'avoir publié des ouvrages, des mémoires ou des
» observations intéressantes, d'être avantageusement connu...

M⁰ **MATHIEU.** Ou d'être.

M⁰ **ARAGO.** Non, l'alternative n'y est pas. Je continue : « d'être avanta-
» geusement connu d'un ou de plusieurs membres de l'Académie qui as-
» surent que les candidats sont des hommes instruits et capables par leurs
» travaux et leur expérience, — je souligne le mot : *leur expérience*, — de
» concourir aux progrès de la science. »

Que M. Paul Pamard prenne, en tout cas, la peine de consulter les souvenirs de M. le professeur Moreau, et il verra que, dans l'élection de 1825, il
ne pouvait s'agir que de M. Pamard père.

— Non, non, peine inutile, nous a-t-on d'avance répondu, c'est le docteur
Bougon qui faisait l'élection, et le docteur Bougon, qui connaissait bien Pamard fils, l'avait recommandé !

— A qui ? par quel moyen ? à la majorité ? de la bouche à l'oreille ? — Alors, on a voté pour M. Pamard *fils*.

— Du tout , dit l'adversaire , la nomination fut faite , sans désignation de prénoms ni d'âge ; il en fut de même pour tous les élus de cette époque.

— De même ? j'ai les listes, — là, dans ce gros volume : *Premier volume des mémoires de l'Académie*, et j'y note : Cloquet (Jules), Cullerier, neveu ; Andral fils, Heureux fils, Bernard fils, Sedillot fils, Huzard fils.

— « Oh! pour ceux-là, réplique-t-on, il était nécessaire de ne pas confondre avec leurs pères, déjà membres ou adjoints de l'Académie. •

— Ouvrons le gros livre, page 50, et nous trouvons, dans la liste même où figure le nom Pamard : « Lalaurie fils, de Villeneuve-sur-Lot ; Le Bidois fils, de Caen. » Ces deux noms, pour les pères, ne se lisent pas autre part : M. Lalaurie père, M. Le Bidois père habitaient la province, comme M. Pamard père. Pourquoi, si M. Pamard fils avait été nommé, n'aurait-on pas écrit Pamard fils, comme Lalaurie fils, comme Le Bidois fils ?

Il ne l'a pas été ! j'en atteste ses actes.

Voyez sa deuxième thèse, dédiée « à M. le docteur Bougon, premier chi- » rurgien ordinaire du roi Charles X, de Son Altesse Royale Madame, etc... » Au Français dévoué à son prince. » — Ah ! j'ai eu tort de lire cette dernière phrase ; je vais donner à M. Pamard fils les sympathies de mon honorable confrère, le défenseur de la *Gazette de France* — (Me de la Boulie fait un signe négatif). Elle a été soutenue, cette thèse, un mois après l'élection de 1825, le 4 août, par M. Pamard d'Avignon, qui s'intitule « docteur en chi- » rurgie de l'Académie de Paris, ancien élève interne, membre de l'école » pratique. »

A côté de ces mots : ancien élève interne, membre de l'école pratique, — ce qui, par parenthèse, ne signifie qu'élève, — s'il n'a pas imprimé *membre correspondant de l'Académie de médecine*, le plus glorieux de ses titres, c'est qu'il ne l'était pas. S'il n'a pas enchâssé dans la fraîche couronne, dont vous parlait Me Mathieu, cet éclatant fleuron, c'est qu'il ne l'avait pas.

« — Oh ! répond-il d'avance, c'est que la nomination ne m'avait pas en- » core été notifiée. »

— Respectable scrupule, excessif toutefois et presque inadmissible, de la part du jeune homme qui ne l'a plus à soixante ans. M. Pamard signe aujourd'hui ses lettres : *Membre du Corps-Législatif...*

Et ses pouvoirs ne sont pas encore vérifiés !...

Admettons-le pourtant : admettons que la date de la notification doive être reportée à la fin du mois d'août : il est clair qu'après cette date, M. Paul-Antoine-Marie Pamard , s'il a été l'élu de 1825, ne manquera pas de se qualifier correspondant de l'Académie de médecine. Eh bien ! dans le septième volume des *Transactions médicales*, page 296, je lis :

« Relevé de clinique chirurgicale de l'hôpital civil et militaire d'Avignon » pendant le premier trimestre de 1831, par M. Pamard, docteur en médecine » et en chirurgie. » — Et c'est tout !

Dans le t. II, p. 38 de la *Revue médicale française et étrangère*, année 1838, je lis :

« *Mémoire sur l'iritis*, par M. Pamard, docteur en médecine et en chirurgie, » chirurgien en chef des hôpitaux civil et militaire d'Avignon, etc... »

Le titre de correspondant se cache-t-il, en tête de ce dernier travail, sous la formule : etc...? — M. Pamard, qui, certes, ne le dédaigne pas, se le réserve-t-il pour les publications de l'Académie elle-même? — Ouvrons les *Bulletins* :

« Tome IV, page 436, on voit : « *Correspondance manuscrite, observation* » *d'un corps étranger introduit dans l'œil*, par M. Pamard, d'Avignon (com-» missaire : M. Velpeau). »

— Pas de titre. — Serait-ce une habitude ou une règle d'inscrire de la sorte, dans les bulletins de l'Académie, les communications des correspondants? Cherchons :

« Tome VI, p. 216 : « *Correspondance officielle*, par M. Gendron, membre *correspondant* de l'Académie.

» Page 216 : « *Correspondance manuscrite*, par M. Dublan, *correspondant* de l'Académie, à Troyes.

« Pages 218 et 222 : *Lectures*, par M. Fourcault, *correspondant* de l'Acadé-» mie; par M. Pravaz, *correspondant* de l'Académie, à Lyon ; etc., etc...

S'il néglige son titre, M. Pamard, même en écrivant à l'Académie, M. Velpeau, qui le défend aujourd'hui si vivement, (nous verrons de quelle façon,) M. Velpeau le lui donne-t-il à cette époque? non pas ; car voici son rapport, page 187 :

« *Rapport de M. Velpeau* sur des observations, etc..., par M. Pamard d'A-» vignon, » — et dans le rapport lui-même, M. Velpeau, en parlant de l'auteur, se borne à dire : « ce chirurgien. »

M. Velpeau traite-t-il de la sorte tous les correspondants dont il examine les mémoires? Un second rapport de lui, page 399 du même volume commence par ces mots « Un de vos correspondants, M. Décès, etc... »

Je passe : et, dans le cas où M. Paul Pamard serait encore tenté d'invoquer aujourd'hui devant le tribunal la possession trentenaire, l'espèce de *prescription* imaginée pour lui dans le *Moniteur des Hôpitaux*, nous serions en mesure de lui prouver en droit que sa possession n'a pas été constante, qu'il a souvent lui-même interrompu la prescription.

Mais je laisse pour ce qu'ils valent ces arguments ridicules, et je lui dis : Lorsque vous hésitiez ainsi à vous donner ou à prendre le titre de correspondant de l'Académie de médecine, on le donnait auprès de vous, non pas à votre insu, vous le donniez vous-même à monsieur votre père, le véritable élu de 1825 ; tenez :

Voici un Dictionnaire biographique du département de Vaucluse, publié en 1841 par le docteur Barjavel. L'auteur inscrit en toutes lettres le titre de *membre de l'Académie* dans l'article consacré à M. Bénézet Pamard ; puis, chose singulière ! il qualifie en même temps M. Pamard, le fils, *adjoint correspondant* de l'Académie de médecine.

— Erreur, dit-on, pour M. Pamard père. — Erreur de qui ? Du docteur Barjavel, qui, dans les deux articles dont je parle, ne mentionne pas seulement, au milieu de mille détails qu'il n'a pu inventer, les travaux publiés de MM. Pamard père et fils, mais encore les moindres recherches, mais encore les travaux en cours d'exécution ? Non ; l'erreur ne peut venir de M. Barjavel, qui nous écrit, du reste, — et nous avons sa lettre, — que des pièces lui ont été montrées, pièces d'apparence authentique, d'après lesquelles feu Pamard père doit être réputé au nombre des membres correspondants de l'Académie de médecine de Paris, « ainsi, ajoute-t-il, que monsieur son fils, » à qui, dans ces mêmes pièces, est donnée la qualification de membre ad-» joint correspondant. »

Par qui ces pièces d'apparence authentique ont-elles été montrées à M. Barjavel en 1841 ? Votre conscience répond, et je n'insiste pas.

— Et quelles sont ces pièces ? Evidemment, la notification au seul nom de Pamard, de l'élection de 1825 ; puis, les correspondances de M. Pamard fils avec l'Académie, après le décès de son père,

Autre acte maintenant — bien grave, celui-ci. — C'est l'acte de décès de M. Pamard père, inscrit sur les registres de la commune d'Avignon :

« L'an 1827, et le 16 mars à neuf heures du matin, devant nous, Pierre
» Luxembourg Dérat, adjoint du maire de la ville d'Avignon , département
» de Vaucluse, ont comparu MM. François-Denis-Agricol Chauffard, cousin
» germain du décédé, et Jean-Baptiste-François Bosse, notaire royal, tous
» deux domiciliés dans cette ville, lesquels ont déclaré que le sieur Jean-
» Baptiste-Antoine-Bénézet Pamard , docteur en chirurgie, chirurgien en
» chef des hôpitaux de cette ville, *membre de l'Académie royale de médecine*
» et de l'Académie de Vaucluse, chevalier de l'Ordre royal de la Légion
» d'honneur, est décédé aujourd'hui, etc... »

— Erreur ! répond encore, erreur ! répond toujours M. Pamard, le fils. — Erreur ? lui répliqué-je, et de qui donc, sinon de vous, des vôtres, de vos proches, de vos amis, de tous ceux qui savaient, dans la ville d'Avignon, que M. votre père, justement renommé par de remarquables travaux, avait reçu sa récompense de l'Académie royale de médecine ?

— N'importe ! on s'est trompé.

— Trompé ! — Voici le juge, l'irréfutable juge, et vous allez l'entendre !

Ce juge, messieurs, ce juge souverain, ce juge officiel que l'on ne pourra récuser, malgré toute l'ardeur qu'on apporte dans ce débat, est la collection des Annuaires de l'Académie.

Ces Annuaires contiennent deux listes de correspondants : une première liste générale, par ordre alphabétique, une seconde divisée par département ; — et, dès à présent, je vous fais remarquer que, si des omissions ou des erreurs quelconques peuvent être commises, ce sera bien plutôt sur la liste nombreuse que sur les listes partielles ne renfermant chacune que trois ou quatre noms.

En feuilletant ces Annuaires, ceux de 1839, de 1843, etc..., M. Ulbach trouvait sur la liste générale... « *Pamard*, 1825, » et sur la liste partielle du département de Vaucluse... « Chauffard à Avignon, Guérin à Caderousse, Gueyard à Orange. » — Rien que ces trois noms.

Bizarre anomalie ! d'où venait-elle ?

Il eut l'idée d'additionner et de confronter les deux listes ; celle des départements donnait quatre noms de moins que la liste générale, quatre noms que voici : MM. Baume à Montpellier, Beaufils à Saint-Flour, Lauth à Strasbourg, Pamard à Avignon ; — quatre noms que, sans doute, on avait oublié de rayer sur la liste générale, nécessairement moins précise, je vous l'ai déjà dit, que la liste par département.

Il le pensait lorsque, dans l'Annuaire de 1839, page 63, il lut la note suivante :

« Voir pour ce qui est relatif aux années antérieures de l'Académie de- » puis 1820, date de sa fondation, jusqu'en 1835, l'Annuaire publié à cette » dernière époque. »

Il y recourut aussitôt, et là, pages 130, 134.... là, messieurs, tout s'explique ! Plus d'équivoque, plus de doute, nous avons la lumière. Certitude absolue ! je vous dis, certitude, et j'ajoute absolue.

« Liste alphabétique des membres non résidants, DECÉDÉS depuis la » fondation de l'Académie : MM.... Baume, Beaufils.... Lauth.... PAMARD, » correspondant à Avignon ! » — Les quatre noms, messieurs, qui ne figuraient point sur les listes partielles : Baume, Beaufils, Lauth, PAMARD !

Pamard? combien sont-ils dc ce nom-là entre lesquels se dispute le titre? Deux.

Combien l'Académie en a-t-elle nommé?—Un seul.

Un seul ;—et celui-là n'est plus! Que nous veut l'autre ici ?...

Ce qu'il nous veut, messieurs, ce qu'il espérait obtenir par une condamnation, des trois journaux français qu'il a traduits à votre barre? nous vous le dirons tout à l'heure; —mais, pour ne rien négliger, pour n'oublier aucun des arguments que l'on a fait valoir avec tant d'énergie contre ces mêmes journaux, il faut d'abord que je vous parle, — quoi qu'il m'en coûte, je l'avoue,—de ce que je me permets d'appeler, avec tout le respect que m'inspire un beau nom : l'historiette Velpeau.

M. Velpeau, dans un comité de l'Académie de médecine, dont *l'Union médicale* a publié, le 10 novembre 1861, un compterendu détaillé, déclare que, le soir même de l'élection de 1825, M. Pamard le fils a réuni plusieurs de ses jeunes amis et de ses camarades autour d'un bol de punch, pour célébrer l'événement ; que lui, M. Velpeau, était au nombre des convives, et qu'il se porte ainsi témoin de l'élection de M. Pamard fils.

Vais-je mettre en doute, messieurs, le fait même raconté par M. le docteur Velpeau, cette réjouissance et ce punch, cette soirée d'étudiants?... Non, certes. Mais je peux, mais je dois vous dire que M. le docteur Velpeau (fort heureusement pour tous, aujourd'hui) était alors bien jeune, que ses souvenirs datent de loin, de ce qui s'est passé en 1825, il y a trente-six ans, hors de l'Académie, dont il n'est devenu lui-même membre adjoint qu'en 1832, sept ans après l'élection Pamard. On a bu du punch, je le veux, beaucoup, peut-être trop... et je soutiens que la soirée chez M. Pamard fils s'explique mieux par l'élection de M. Pamard père, élection si naturelle, que par l'incroyable triomphe du jeune élève de Bougon... et je n'ajouterais pas un seul mot sur ce point, si l'on n'avait tenté de mêler certains hommes dont je vénère la mémoire à des combinaisons plus qu'extraordinaires.

On dit que le bureau de 1825 a considéré l'élection comme s'appliquant de fait à M. Pamard fils. Ceci, messieurs, est grave, ceci touche à l'honneur du président d'alors, M. le baron Portal, de M. Pariset, secrétaire perpétuel. De M. Pariset!... je me suis révolté lorsque j'ai vu son nom si légèrement impliqué dans ce qui serait, à coup sûr, une espèce de fraude. Je me suis rappelé combien je l'ai connu dans sa verte vieillesse, combien on l'estimait chez moi, partout ailleurs, et je remplis un grand devoir en protestant pour lui. Non, M. Pariset n'a pas détourné les suffrages de l'Académie de médecine. Non, non, cela n'est pas ; cela ne peut pas être!

Et si cela était, — voyez jusqu'où je pousse l'argumentation, — il n'aurait pas manqué de notifier l'élection à M. Pamard fils; Pamard *fils!* quand les registres officiels ne portent que Pamard, que le seul nom Pamard, — en 1828, sur les premières pages des Mémoires de l'Académie, en 1835, sur la liste des morts !

Concluons maintenant.

La veille du jour où M. Louis Ulbach, plus complétement édifié que ne l'était *l'Indépendance* sur l'élection Pamard, laissait tomber de sa plume de chroniqueur les quelques lignes que je vous prie de bien relire, qui n'expriment rien que des doutes, — des doutes ! — il avait vu, dans les journaux de médecine, des articles nombreux, bien autrement pressants et bien autrement vifs que ne l'est sa chronique. *La France médicale* écrivait notamment :

» Il y a quelques mois, une imputation regrettable à l'endroit d'un de nos » distingués confrères de la province s'était produite dans une de ces chro- » niques parisiennes qui alimentent *l'Indépendance belge*, et nous ne l'avions » pas relevée, tant nous avions à cœur de la voir se perdre dans l'oubli.

» Mais aujourd'hui, le silence n'est plus possible de notre part : un très- » grand retentissement s'est fait, cette semaine, autour de cette affaire, et » pour l'honneur de notre profession et la dignité de l'Académie impériale » de médecine, il faut que la lumière se fasse sur l'assertion avancée et sou- » tenue par *l'Indépendance belge*....

» *L'Indépendance belge* demande non une simple affirmation, mais les » preuves de l'élection de M. Pamard fils. L'Académie les doit posséder, » puisque ce n'est qu'après *avoir vérifié les faits dans ses registres* qu'elle dé- » clare que, depuis 1825, elle a toujours compris au nombre de ses corres- » pondants M. Pamard, actuellement maire et député d'Avignon.

» L'honneur de M. Pamard et la dignité de l'Académie exigent que ces » preuves apparaissent au grand jour ; car par l'immense publicité que *l'In-* » *dépendance* a donnée à cette affaire, l'Académie n'a que deux alternatives : » ou se justifier d'une manière complète, ou passer pour complice ou pour » dupe d'une indigne comédie. »

M. Ulbach pouvait-il donc redouter des poursuites ? Non pas certes, messieurs, il ne prévoyait pas un mauvais sentiment, un indigne calcul que je vous dénonce tout haut, qui respecte peu la justice. On n'a traduit devant les tribunaux ni *l'Indépendance belge* — vous savez pourquoi — ni *la France médicale*, ni *l'Union médicale* ; mais on attaque *le Courrier du Dimanche*, *le Charivari*, *la Gazette*, des journaux politiques de l'opposition, parce qu'on a voulu faire de cette cause un procès politique.

Eh bien ! non, je vous le déclare ; non, il n'y a pas ici de politique. Ceux que nous défendons vous l'affirment, en gens d'honneur qu'ils sont ; et moi

— vous le savez —, qui ne cache à personne ce que j'ai dans le cœur, qui croirais m'abaisser en dissimulant pour un autre,—je vous dis et je vous répète qu'il n'y a pas ici l'ombre de politique.

Il y a un fait, fait inouï, qui intéresse le monde de l'intelligence, l'honneur, la dignité de nos académies, des institutions qui sont souvent le noble but, la gloire quelquefois, des professions libérales. Nous en avons parlé, comme nous le pouvions, comme nous le devions.

Ah ! qu'un membre quelconque, un membre élu d'un de ces corps savants se voie nier son titre, même après quarante ans, j'ose vous assurer que sa seule réponse à des journalistes douteurs sera : « Vous allez voir; » et à l'Académie : « Si vous m'avez nommé, dites-le nettement, franchement, clairement; si vous doutez, renommez-moi ! »

Ici, messieurs, rien de pareil : l'heure est passée pour M. Paul Pamard d'une telle attitude,—depuis qu'il a trouvé valable et suffisante la déclaration de 1858 : « Nous vous avons *compris !* » L'heure est passée même de plaider, avec M. de Castelnau, qu'en admettant, par hypothèse, un entraînement de jeunesse, il faut oublier, pardonner...

Marchant et persistant — ne pouvant reculer — dans une voie mauvaise, M. Pamard, qui ne s'adresse plus à l'Académie de médecine où son rôle est jugé, voudrait se faire élire définitivement, c'est le mot du procès,—membre correspondant de cette Académie... par la police correctionnelle !

Mais il n'atteindra pas la fin qu'il se propose. La prudence du tribunal devant lequel je parle m'en est un sûr garant.

Éclairée, lumineuse, comme elle apparaît maintenant aux yeux de tout le monde, ma cause est imperdable ! Oui, votre conscience de magistrats intègres vous dit, avec la mienne, qu'une condamnation, même la plus légère, est absolument impossible.

Me **GUSTAVE CHAUDEY** prend ensuite la parole pour M. Laurent Lapp, gérant du *Courrier du Dimanche*. Il s'exprime ainsi :

Messieurs,

Je ne puis avoir maintenant pour *le Courrier du Dimanche* que des observations bien sommaires à vous présenter. L'histoire de l'élection de M. Pamard vient de vous être faite. Je la tiens, en ce qui me regarde, pour très-bien, très-exactement et très-complétement faite, et je n'ai plus à y revenir.

Je ne relèverai, dans la plaidoirie de mon confrère Arago, que cette abondance de preuves précises et concluantes qui établissent que *le Courrier du Dimanche* n'a point accueilli l'article de M. Ulbach sans savoir ce dernier en mesure de soutenir ses assertions.

Je ferai pourtant remarquer au tribunal que, malgré tant de raisons d'être

affirmatif, M. Ulbach n'a parlé de l'élection Pamard qu'avec beaucoup de réserve et sous une forme toute dubitative. Il se borne à relater la version de
l'Indépendance belge et à tirer les conséquences des explications fournies par
ce journal; et j'appelle même l'attention du tribunal sur cette phrase signi-
ficative qui résume tout l'esprit de l'article :

« Si j'avais l'honneur d'être membre ou correspondant de l'Académie de
» médecine, j'attacherais une certaine importance à la question ; je ne vou-
» drais pas qu'un corps savant eût l'air de couvrir, d'excuser une super-
» cherie pareille ; et, au risque de désavouer ce certificat complaisant qui
» ne prouve rien, je ferais constater par une délibération sérieuse, l'usur-
» pation commise *par M. Pamard père ou par M. Pamard fils.* »

Vous le voyez, messieurs, la conclusion de M. Ulbach ne porte que sur
l'évidence d'une usurpation commise, et, quant à la question de savoir par
lequel des deux Pamard elle l'a été, il la renvoie tout simplement à l'Académie de médecine. L'article de M. Ulbach n'est donc qu'une mise en demeure
à l'adresse de l'Académie, et l'écrivain n'a fait ainsi que remplir un des devoirs de la presse, en se bornant à signaler une situation fâcheuse à l'atten-
tention du corps savant que cela intéresse directement.

Ce qui est regrettable, et ce qui suffirait à justifier les doutes qu'a sou-
levés le *Courrier du Dimanche* sur la situation académique de M. Pamard, ce
sont les hésitations de l'Académie elle-même. L'article de M. Ulbach est du
24 novembre dernier; j'ai entre les mains *l'Union médicale,* du 10 décembre,
qui rend compte d'une séance de l'Académie de médecine ayant pour objet
spécial et unique de délibérer sur la situation de M. Pamard. Eh bien ! messieurs, croiriez-vous qu'après une longue et orageuse discussion, où les titres de M. Pamard ont été contestés plus vivement qu'ils ne l'avaient jamais
été dans aucun journal, l'Académie s'est séparée sans aucune solution ?
Comment les écrivains ne seraient-ils pas autorisés à douter, quand l'Académie elle-même est à ce point dans l'embarras ? Vous pouvez comprendre
à présent ce que vaut, dans ses termes si poliment équivoques, ce certificat
de l'Académie dont se prévaut M. Pamard avec tant d'assurance.

Quoi qu'il en soit, et quelqu'impression que vous ayez dû recevoir, sur la
question de fait, de la plaidoirie si convaincante de mon confrère Arago, je sais
que, parlant pour le *Courrier,* j'ai à traiter devant vous une autre question,
je veux dire la question du droit qu'a eu le journal de discuter la situation
académique de M. Pamard, et je l'aborde nettement.

Oui, je prétends qu'aux termes mêmes de la législation actuelle, le *Courrier* a pu, à la condition de prouver sa bonne foi et la vérité de ses informa-
tions, émettre au sujet de l'élection de M. Pamard toutes les assertions qui
sont dans l'article de M. Ulbach.

Je prétends d'abord que l'Académie de médecine est évidemment une institution publique, et par suite que le fait de s'arroger publiquement le titre de membre correspondant de l'Académie de médecine est un fait de la vie publique, et nullement de la vie privée. Cela me paraît hors de contestation.

Il résulte de là rigoureusement que rechercher si c'est à tort ou à raison qu'une personne s'arroge ce titre, c'est discuter cette personne dans un *caractère public* et pour un fait s'y rapportant.

Voyons maintenant où en est la législation relativement à la discussion des personnes publiques.

Le tribunal sait que la loi du 26 mai 1819, qui réglementait la procédure en matière de presse, est toujours en vigueur pour toutes celles de ses dispositions qui n'ont pas été abrogées par des lois postérieures. Ce point a été décidé par plusieurs arrêts de cassation sur des questions diverses.

Reportons nous à la partie de cette loi qui regarde la preuve en matière de diffamation. La règle de droit commun, en cette matière, était l'interdiction de la preuve. Mais voici l'exception que je trouve à l'article 20 :

« Nul ne sera admis à prouver la vérité des faits diffamatoires, si ce n'est
» dans le cas d'imputation, contre des dépositaires ou agents de l'autorité, ou
» contre toutes personnes ayant agi dans un *caractère public*, de faits rela-
» tifs à leurs fonctions. Dans ce cas, les faits pourront être prouvés par de-
» vant la Cour d'assises *par toutes les voies ordinaires*, sauf la preuve con-
» traire par les mêmes voies. — La preuve des faits imputés met l'auteur de
» l'imputation à l'abri de toute peine, sans préjudice des peines prononcées
» contre toute injure qui ne serait pas nécessairement dépendante des mê-
» mes faits. »

Il résulte bien clairement de cet article que la preuve, *par toutes les voies ordinaires*, est admise contre les personnes ayant agi dans un *carcatère public*, et que cette preuve fournie met l'auteur de l'imputation à l'abri de toute peine.

L'article 21 devient encore plus explicite sur la nature de la preuve. Il trace au prévenu les règles à suivre, selon la procédure d'alors, pour produire la preuve, et, parmi ces règles, nous voyons l'obligation de faire signifier au plaignant : 1° *la copie des pièces* ; 2° les noms, professions et demeures *des témoins* par lesquels il entend faire sa preuve.

Quelle est la conséquence à tirer de là ? C'est que, par ces mots *toutes les voies ordinaires* de l'art. 20, la loi de 1819 entendait désigner deux sortes de preuves bien distinctes, et toutes les deux également admissibles : La preuve *par-pièces* et la preuve *par témoins*. Rien n'est plus évident.

Il s'agit maintenant de savoir si cette disposition si formelle de la loi de 1819 a été abrogée postérieurement.

Je vois que dans la loi du 25 mars 1822 il y a un article portant :

« En aucun cas, la preuve *par témoins* ne sera admise pour établir la réa-
» lité des faits injurieux ou diffamatoires. »

C'était non une abrogation complète, mais une restriction à la loi de 1819 relativement à la preuve, restriction ne portant que sur la preuve *par té-moins*.

Mais cet article de la loi de 1822 a été lui-même spécialement abrogé par la loi du 8 octobre 1830, qui a fait ainsi revivre la loi de 1819 en matière de preuve.

Ce régime de la loi de 1819, pour la preuve, s'est maintenu jusqu'au décret du 17 février 1852.

Eh bien, qu'a fait le décret du 17 février 1852 ? Il n'a pas fait autre chose que reproduire textuellement, dans son article 28, l'article ci-dessus cité de la loi de 1822, que je répète :

« En aucun cas, la preuve *par témoins* ne sera admise pour établir la réa-
» lité des faits injurieux ou diffamatoires. »

Quelle est donc la situation actuelle ? C'est que la preuve *par témoins* est supprimée, cela est certain, dans tous les cas, aussi bien à l'égard des personnes publiques qu'à l'égard des simples particuliers. Mais il est évident par la spécialité même de cette abrogation, que la preuve *par pièces*, par documents écrits, reste entière, et doit toujours être tenue pour admissible.

On a pris en défiance la preuve par témoins, on a vu des inconvénients dans le système des enquêtes, et l'on a proscrit les enquêtes ; et la preuve par pièces a été épargnée, parce que la supprimer eût été consacrer l'immunité absolue des hommes publics ; et je tiens en effet pour impossible qu'on ait voulu cela. Ce ne serait pas moins que la négation de tout contrôle de l'opinion sur les hommes publics.

Encore une fois, il est impossible d'admettre que même le décret de 1852 ait voulu cela.

Je regarde donc comme établi juridiquement que nous avons encore la ressource de la preuve dans la discussion des personnes ayant agi dans un *caractère public*.

Or, je crois avoir établi que la discussion relative à M. Pamard se rattachait à un fait de la vie publique, et je suis fondé à conclure que M. Laurent Lapp, dans l'espèce, doit être admis à se prévaloir contre M. Pamard de toutes les preuves *par pièces* qui ont été produites au débat par M. Arago. Je trouve ces preuves tout à fait péremptoires, tout à fait concluantes, et, m'abritant derrière elles, je demande que M. Laurent Lapp soit renvoyé des fins de la plainte, sans peine, amende, dommages, ni dépens.

Je suis prêt, s'il y a lieu, à déposer en ce sens des conclusions écrites.

Les conclusions de Mᵉ Chaudey, sur l'invitation du président, ont dû, en effet, être rédigées pour être déposées mardi prochain. Elles sont, comme on voit, très-importantes au procès, puisqu'elles peuvent décider de l'admissibilité de la preuve. Les voici :

« *Conclusions pour M. Laurent Lapp*, *gérant du* Courrier du Dimanche.

» Plaise au tribunal :

» Attendu que l'Académie de médecine est une institution publique ;

» Attendu que le fait de s'arroger publiquement le titre de *membre correspondant de l'Académie de médecine* est un fait de la vie publique, et nullement de la vie privée ;

» Attendu conséquemment que rechercher si c'est à tort ou à raison qu'une personne s'arroge ce titre, c'est discuter cette personne dans un *caractère public* et pour un fait s'y rapportant ;

» Attendu, d'autre part, que la qualité de membre correspondant de l'Académie de médecine est le résultat d'une élection, et que la question de régularité ou d'irrégularité, pour une élection de cette sorte, relève de la discussion publique au même titre que pour toute élection à un corps public quelconque ;

» Attendu, par suite, qu'au sujet d'une élection académique comme de toute autre, rechercher si, en présence de deux candidats possibles, père et fils, la désignation de l'élu ne s'applique pas à l'un plutôt qu'à l'autre, ne constitue que l'exercice d'un droit et ne saurait devenir une diffamation que dans le cas d'assertions fausses produites avec une mauvaise foi évidente ;

» Attendu, au surplus, qu'aux termes de la loi du 26 mai 1819, toujours en vigueur pour celles de ses dispositions qui n'ont pas été abrogées par des lois postérieures, la preuve des faits diffamatoires relatifs à des actes de la vie publique, peut être faite *par toutes les voies ordinaires*, ce qui veut dire, d'après le texte même de la loi, par pièces comme par témoins ;

» Attendu que, la preuve *par témoins* ayant été seule et spécialement supprimée par l'art. 28 du décret du 17 février 1852, la preuve *par pièces* reste admissible ;

» Admettre Laurent Lapp, gérant du *Courrier du Dimanche*, à se prévaloir contre le plaignant des preuves nombreuses et concluantes produites aux débats, *par pièces*, à l'appui des assertions qui ont motivé la plainte ;

» Déclarer, en tout cas, qu'en présence de ces preuves il est impossible d'imputer à Laurent Lapp des assertions fausses produites avec une mauvaise foi évidente ;

» Le renvoyer en conséquence des fins de la plainte sans peine, amende,
» dommage ni dépens. »

Le tribunal, sur la demande de M⁰ Mathieu, remet l'affaire à huitaine,
pour les répliques.

Audience du 14 janvier.

M⁰ TROUILLEBERT, avocat de MM. Huart et Caraguel du *Charivari*,
s'exprime en ces termes :

« Les plaidoiries que vous avez entendues, messieurs, me dispensent de
rechercher devant vous à quelle pensée ont obéi l'écrivain et le gérant au
nom desquels je me présente, lorsqu'ils ont inséré dans le journal *le Chari-*
vari la nouvelle si fort incriminée par M. Pamard, nouvelle qu'ils emprun-
taient à la presse étrangère, à la presse parisienne et au bruit public.

» Quoiqu'on puisse penser des faits de cette cause, vos consciences sont
déjà convaincues que les articles de M. Caraguel n'ont été inspirés que par
un besoin de vérité très-légitime dans l'espèce, et le bon sens de tous
s'étonnera, à bon droit selon moi, que dans de semblables circonstances,
M. Pamard ait cru devoir demander au tribunal une satisfaction quelconque.

» Je n'ai donc pas à examiner de nouveau la question de bonne foi, à
rechercher de quel côté est la vérité; tout cela me semble nettement indiqué
et résolu dans l'excellente plaidoirie de mon confrère Arago, et si les articles du *Charivari* pouvaient contenir quoique ce fût qui nécessitât l'examen de ces questions, la responsabilité de l'écrivain et du gérant s'efface-
rait à coup sûr devant la solution que vous leur donneriez. Avec les éléments de décision qui ont passé sous vos yeux, la vérité est connue et la
bonne foi est acquise aux écrivains poursuivis.

» Je ne veux pas revenir non plus sur la question de droit qui vous a été
soumise par mon confrère Gustave Chaudey. Cette question est sérieuse ; et
je crois comme lui que la disposition de la loi de 1819, en ce qui touche les
fonctionnaires publics, peut trouver son application dans l'affaire qui nous
occupe.

» Pour moi, messieurs, je ne vois pas que mes clients aient besoin, pour
échapper aux conséquences de la poursuite dont ils sont l'objet, de vous
présenter ces moyens. La situation que leur font dans ce débat les articles
incriminés est spéciale, et ne me semble comporter aucune des responsabi-
lités civiles ou pénales que voudrait leur imposer la susceptibilité plus ou
moins *académique* de M. Pamard.

» Et d'abord, voyons les articles de Caraguel :

4

Me Trouillebert lit l'article contenu dans le n° du 27 novembre 1861, puis il reprend :

» A cette lecture, une première observation s'impose à l'esprit : l'écrivain et le gérant n'ont voulu prendre aucune responsabilité ; l'article ne contient pas une seule affirmation ; Caraguel rapporte une nouvelle connue de tous, à savoir que M. Pamard voit son titre de membre correspondant de l'Académie contesté ; il parle de cette affaire, mais en ayant soin de déclarer qu'il ne se fait pas juge de la question et qu'il n'entend pas décider qui a tort ou raison.

» Cependant, messieurs, les pièces de cette affaire sont sous les yeux du public ; *l'Indépendance belge* les relate, la polémique est engagée dans les journaux de médecine, dans quelques journaux de Paris ; le journal d'Avignon, *le Messager du Midi*, intervient même dans le débat et rompt des lances au nom de M. Pamard ; bien plus, des preuves écrasantes, vous le savez maintenant, abondent entre les mains des journalistes. Certes, tout cela appartenait bien à la publicité et aurait permis au *Charivari* comme à tout autre journal, plus qu'à tout autre (car cette affaire est bien de son domaine), de discuter, de se former une opinion et de la donner. Eh bien, non ! Le journaliste, plein de prudence et de réserve, ne veut pas même indiquer de quel côté penche sa raison, et il se contente de faire ce qu'il considère comme un droit et un devoir : enregistrer un débat public sur une question qu'il n'a pas posée et qui intéresse le public à un puissant degré, laissant à chacun le soin d'aller puiser, là où la lutte est engagée, l'élément d'une conviction, et avertissant M. Pamard que le temps est peut-être venu pour lui de donner des justifications.

» Voilà pour le fonds de l'article, tout à l'heure j'examinerai la forme qui lui a été donnée.

» Je le demande, où est la diffamation dans cet article ? je la cherche sans la trouver.

» La diffamation, vous le savez mieux que moi, messieurs, est l'affirmation d'un fait pouvant porter atteinte à l'honneur ou à la considération d'un individu. Où est l'affirmation d'un fait diffamatoire dans l'article qui vient de passer sous vos yeux ? Nulle part. Caraguel ne dit pas un mot qui soit une insinuation affirmative et qui n'ait revêtu la forme du doute. Cela étant, prenons la loi sur la presse, plaçons-nous au point de vue de la législation la plus rigoureuse, la plus restrictive, et dites-moi, messieurs, si la moralité même de cette loi, si la vie de la presse ne sont pas intéressées à ce que tout journal puisse enregistrer le fait Pamard, quand, comme dans l'espèce le *Charivari*, ce journal se borne à dire qu'il s'agit d'une contestation sur la sincérité d'un fait public, la nomination à un titre académique, et qu'il puise cette nouvelle dans une polémique devenue générale, sans vouloir lui-même y prendre part ?

» Poser ainsi la question c'est, selon moi, la résoudre, et le fait Pamard ainsi relaté n'est pas plus une diffamation que ne peut l'être l'article d'un journal qui annoncerait l'objet du procès Dolgorouky, les faits du procès Plassiart ou la polémique à l'occasion de laquelle nous sommes aujourd'hui poursuivis devant vous.

» Ici, messieurs, se rencontre une objection. Mais, dit-on, à l'époque de laquelle datent les articles de M. Clément Caraguel, il n'y avait plus de question, car l'Académie avait, dès 1858, écrit à M. Pamard une lettre qui tranche la difficulté.

» Cette objection n'est pas sérieuse, car le droit revendiqué par le journal découle de la polémique publique qui se continuait en 1861 et dont personne ne peut contester l'existence à cette époque. Mais il y a plus : libre à notre adversaire de considérer cette lettre comme l'équivalent de sa lettre de nomination qu'il s'obstine à ne pas produire. Aussi le sérieux et spirituel écrivain, au nom de qui je parle, n'a-t-il pas eu la prétention de tirer de ce fait et de tous ceux qui vous ont été révélés à la dernière audience, la conséquence trop naturelle qui en ressortait. Il a tenu M. Pamard pour très-honorable, et il a bien fait, car la longue énumération des titres de ce dernier dans la citation en police correctionnelle qu'il en a reçue lui aurait appris, s'il l'eût ignoré, que M. Pamard est un de ces hommes sur lesquels pleuvent les honneurs, et il a voulu, malgré les invraisemblances, laisser dans l'esprit du public cette pensée : qu'après tout, M. Pamard pourrait peut-être justifier qu'en 1825, bien qu'il n'eût alors que vingt-trois ans, l'Académie avait pu le prendre pour un savant.

» Mais ce que le journaliste savait très-bien aussi, et c'est là qu'il puisait la conscience de son droit, c'est qu'aux yeux de la presse entière : *l'Indépendance belge*, *le Courrier du Dimanche*, *la Gazette de France*, les journaux spéciaux de médecine, c'est qu'aux yeux de M. Pamard lui-même ou de ses amis qui luttaient en son nom dans *le Messager du Midi*, la lettre de l'Académie n'avait pas vidé la question, et que si aujourd'hui, cette question semble, malheureusement pour M. Pamard, enfin résolue, elle était entière encore dans ces derniers temps. »

Me Trouillebert, à l'appui de ce fait, cite les articles de *l'Union médicale*, du *Moniteur des Sciences*, du *Messager du Midi*.

Il poursuit en ces termes :

« Vous voyez donc bien que la contestation restait entière après la lettre de l'Académie, je dirai même aux yeux de l'Académie, puisqu'elle se forme dernièrement en comité secret pour l'examen de cette question, et qu'en l'annonçant dans les termes que j'ai plus haut indiqués et précisés, ni le gérant, ni l'écrivain du journal *le Charivari* ne commettaient le délit de diffamation.

» Mais, me dit encore mon honorable contradicteur, et la forme de l'article ! au moins ne fallait-il pas donner à cette nouvelle une forme injurieuse. Et si vous n'êtes pas condamné comme diffamateur, le délit d'injure publique est manifeste et sera retenu par le tribunal.

» L'injure publique? j'avoue qu'il m'est impossible de la rencontrer et de la constater dans l'article.

» Serait-elle contenue par hasard dans l'anecdote Kolombeski, l'invalide phénomène qu'on croyait âgé de 130 ans parce qu'il avait ajouté son âge à celui de son père? Évidemment non, car, vous le savez, l'article ne contient aucune affirmation; Caraguel se borne à poser la question à sa manière; il parle toujours au conditionnel, en telle sorte que les mots *Kolombeski* et *phénomène*, rapprochés du nom de *Pamard*, ne pouvaient prendre là valeur d'invectives que lorsque la question serait résolue dans un sens contraire aux prétentions académiques de notre adversaire.

» C'est là la pensée du journaliste, c'est là la valeur de l'article et l'appréciation que doivent en faire tous ceux qui l'ont lu ou qui le liront.

Oh ! je comprends très-bien le mécontentement et la colère de M. Pamard de voir ainsi poser la question. Mais vous, messieurs, mais nous, mais le public, mais ce vieux bon sens gaulois qui sait peindre par un mot heureux toute une situation, tous nous applaudissons à l'à-propos et à l'esprit de Caraguel, tous nous disons qu'il n'y a dans ce rapprochement aucune injure, mais qu'il s'y rencontre pour l'avenir la seule justice qu'on puisse tirer de prétentions académiques non justifiées. Reste à savoir si le moment n'est pas venu maintenant pour M. Pamard de se résigner à voir plus d'une fois s'asseoir à son chevet le spectre de Kolombeski.

» Le deuxième article, messieurs, est inspiré par une égale prudence. Caraguel y poursuit l'œuvre d'un journaliste sérieux, spirituel, jaloux de la vérité aussi bien dans l'intérêt de l'homme dont il est question qu'au nom du public auquel il expose non pas une solution, non pas même une opinion, mais une question qu'il n'a pas posée et de la solution de laquelle on s'occupe.

» Cet article est pour ainsi dire l'explication du premier, car il n'est qu'une réponse à une lettre adressée au journal par un habitant de Carpentras et dans laquelle le correspondant méridional de Caraguel se donne les apparences d'un ami et d'un champion de M. Pamard. Cette lettre, copiée en tête du second article, lettre dont j'ai l'original entre les mains, est signée *Isaïe*

Carcassone ; je pourrais même faire passer sous les yeux du tribunal une seconde lettre reçue depuis par Caraguel, signée *Josué Lisbonne*, et conçue, sinon dans les mêmes termes, au moins rédigée dans un même esprit.

» Ici, mon honorable contradicteur m'arrête. C'est précisément ce 2e article, me dit-il, qui établit la malveillance du journal incriminé. La lettre dont vous parlez et que vous insérez en tête de l'article n'est pour vous qu'un prétexte dont personne n'est dupe. Vous y cherchez l'occasion d'un nouveau scandale, c'est-à-dire d'un 2e article, et j'ai la preuve dans mon dossier que votre correspondant *Isaïe Carcassonne* est un être purement imaginaire. Suit la lecture de cette pièce probante, laquelle n'est autre qu'un certificat de M. le commissaire de police de Carpentras, établissant qu'à l'exception du gardien et du sacrificateur du temple israélite, personne à Carpentras ne porte le nom de Carcassonne.

» Certes, messieurs, avant d'avoir entendu la lecture du certificat, je comptais bien concéder à mon honorable contradicteur, qu'il était au moins douteux que l'auteur de la lettre fut un ami sincère de M. Pamard, mais, après la production de cette pièce, je me donnerai bien de garde d'enlever à cet incident du procès, je ne dirai pas l'importance qu'il a, car il n'en a aucune, mais la physionomie vraiment curieuse qu'il puise dans le certificat qu'on vous a lu à la dernière audience. Et puisque ce certificat est produit par mon adversaire, avant même qu'il nous ait été possible de dire quelle créance nous avions pu ajouter à la sincérité de leur zèle pour M. Pamard, il faut bien que je tire de ce certificat la conséquence juridique qui en découle.

» Cette conséquence la voici :

» Ce qu'il y a de certain c'est que la lettre n'est pas supposée, c'est que le nom d'Isaïe Carcassonne n'est pas inconnu à Carpentras ; c'est que ce nom est porté par le gardien et par le sacrificateur (en langue vulgaire le boucher) du temple israélite ; c'est qu'enfin comme Caraguel n'est pas l'auteur de la lettre, M. Pamard et lui se trouvent avoir acquis la triste certitude, le premier d'avoir eu pour champion, le second d'avoir eu pour correspondant, l'un ou l'autre de ces personnages. Entre les deux le choix est difficile ; à en juger cependant par le ton belliqueux de la lettre, et c'est pour cela que Caraguel l'a insérée, on pourrait peut-être supposer que c'est le sacrificateur du temple que M. Pamard a eu pour champion ; en ce qui concerne Caraguel, je puis affirmer, sans le savoir, qu'il n'est nullement préoccupé d'un choix à faire à ce sujet.

» Mais revenons, messieurs, à l'article sorti de la plume spirituelle et sérieuse à la fois de Clément Caraguel.

» Quant à l'article provoqué, vous savez maintenant comment et par qui :

il est explicatif du premier, il n'ajoute rien à la nouvelle déjà donnée. Ici encore, le journal relève dans la presse une question qu'il n'a pas posée, et qu'il ne veut pas résoudre. La fin de l'article que je veux seulement faire passer sous vos yeux, vous démontrera mieux que tous les commentaires la vérité que j'avance. »

M⁰ Trouillebert lit la fin de l'article, puis il continue :

» Quant aux invectives, quant aux injures, elles sont, Dieu merci ! absentes. La pensée, les habitudes de l'écrivain et du journal les repoussent, et la malencontreuse susceptibilité du député de Carpentras ne peut être en aucune façon justifiée. *Le Charivari* s'est borné à donner les termes d'un débat qui doit nécessairement être public ; débat d'ailleurs rendu public par M. Pamard lui-même et par les articles et les lettres de ses amis.

» Non, messieurs, non, les lois sur la presse ne doivent pas, dans ce débat, en ce qui touche *le Charivari*, au moins, trouver d'application. Les restrictions qu'elles contiennent ne s'appliquent pas aux faits Pamard, Plassiart ou autres, quand ces faits devenus publics par une discussion publique, par une polémique à laquelle prend part l'homme qui en l'objet, un journal relate la question, comme l'a fait *le Charivari*, et se contente de dire qu'une discussion est engagée et qu'il en attend le résultat.

» Soyez sûrs que la législation qui nous régit a une autre portée, un autre but, et que ce serait dépasser ce but que de frapper au gré de M. Pamard les journalistes et les journaux qu'il défère à la justice.

» C'est là, permettez-moi de le dire, une question de bon sens ; un journal n'injurie et ne diffame personne lorsqu'il rapporte qu'il y a débat public sur la sincérité d'un titre académique.

» Le journal *le Charivari*, messieurs, est dans cette situation spéciale : vous la signalerez dans votre jugement, et la presse entière y trouvera une réponse à une question qui a été posée dernièrement dans le *Journal des Débats*, question qu'il me semble important de vous soumettre avant de terminer.

» On lit en effet dans un article du *Journal des Débats*, n⁰ du 20 décembre 1861, un passage que je vous demande la permission de placer sous vos yeux. Il s'agit du procès qui a eu lieu à Niort, et le journaliste des *Débats* fait, à ce propos, les réflexions suivantes :

» Cependant *le Mémorial*, qui se targue de libéralisme, n'a pas même sou-
» levé un coin du voile qui enveloppait les méfaits du maire de Coulonges !
» Est-donc qu'il ignorait ce qui se passait ? ou bien se renfermait-il sciem-
» ment et volontairement dans un mutisme complice ? Non, il n'était pas
» complice ; non ! il n'ignorait pas ! Le rédacteur en chef de cette feuille,

» M. Delavault, nous a fait l'honneur de nous adresser une lettre qui n'est
» point destinée à la publicité, mais dont nous croyons pouvoir extraire trois
» lignes, aussi éloquentes, selon nous, dans leur simplicité, que la déposi-
» tion du témoin Ouvrard ou le billet de proscription désormais fameux
» contre les volailles malpensantes de Coulonges.

« Il y a longtemps, nous dit M. Delavault, que nous avions connaissance
» de ces immoralités ; mais l'intérêt de la conservation personnelle nous fer-
» mait la bouche. Notre défiance à l'endroit des dispositions éventuelles de
» l'administration était d'autant plus mère de sûreté que, à juger d'après les
» apparences, nous étions excusables de croire que M. Plassiart, nommé par
» l'administration et soutenu par elle, était un des hommes qu'elle abritait
» avec le plus de soin sous son aile. » « Celui qui sera tenté de blâmer la
» prudence de notre confrère de Niort n'a pas assez médité l'art. 28 du dé-
» cret du 17 février 1852 sur la diffamation et l'art. 32 du même décret. La
» preuve des faits n'est plus admise, même quand il s'agit d'un fonction-
» naire public ou d'actes et de manœuvres relatifs au mandat qu'il exerce ; à
» ceux qui ne savent pas combien il est doux de discuter les titres d'un
» maire ou d'un député, nous conseillons d'aller se renseigner auprès du
» *Courrier du Dimanche*, du *Charivari* et de *la Gazette de France* ; ces trois
» journaux sont en ce moment même poursuivis, au sujet d'un maire d'A-
» vignon, élu au Corps-Législatif, et poursuivis en des circonstances que
» nous osons d'autant moins faire connaître qu'elles seraient plus dignes
» d'être connues. »

» Voilà, continue M⁰ Trouillebert, le côté juridique de cette affaire. Le
préciser devant vous, en le limitant comme je l'ai fait, c'est, à mon sens, le
résoudre. La presse peut revendiquer le droit dont je parle, et tout au moins
l'exercer dans les limites que, dans l'espèce, *le Charivari* s'est imposées.

» Que si, néanmoins, vous abordez la question de bonne foi, messieurs,
vous n'oublierez pas ce que je vous ai dit à cet égard, vous n'oublierez pas
surtout ce que vous a dit éloquemment mon confrère Arago, et vous vous
demanderez si, dans les conditions spéciales de ce procès, il est possible
d'assigner une responsabilité, si minime qu'elle soit, aux écrivains et aux
journaux qui sont devant vous.

» Quoiqu'il en soit, voilà ce procès :

» Au point de vue spécial du journal *le Charivari* et de M. Clément Caraguel
il n'y a à relever contre eux ni délit de diffamation ni délit d'injure publique. Tout ce qu'on peut dire, c'est qu'en signalant de bonne foi une question qu'il trouvait déjà posée dans les journaux et qui, ainsi, appartenait à la
publicité, le spirituel écrivain l'a, dans sa malice, si bien posée, qu'il a

trouvé et pressenti le cas échéant, le seul châtiment qui soit réservé à M. Pamard s'il ne justifie pas de son titre académique : *Kolombeski.*

» Ceci, évidemment, ne saurait constituer un délit. Mais que le tribunal se rassure ; comme ce mot peut prendre désormais vis-à-vis de M. Pamard une importance qu'il n'avait pas au moment où les articles ont été écrits, Caraguel ne rencontrera plus ce mot sous sa plume, et M. Louis Huart ne le laissera jamais passer dans le journal.

» Je persiste dans mes conclusions. »

Mᵉ LABOULIE. J'arrive bien tard dans cette cause, où je viens représenter la *Gazette de France.* Il y a au moins cet avantage pour ma cause à venir le dernier, que je n'ai plus qu'à résumer les points désormais établis par les plaidoyers que vous venez d'entendre. C'est ainsi qu'au premier défenseur j'emprunte la démonstration de la vérité même du fait dont se plaint M. Pamard ; le second vous a prouvé que, du moment où le fait était vrai, la bonne foi du journaliste n'était pas contestable. Et le troisième a revendiqué, au nom des écrivains de la presse, le droit d'élever la voix sur toutes les questions qui intéressent la moralité publique ; et, en effet, s'il est démontré que nous soyons resté dans la vérité, je reste convaincu, bien qu'en ait dit M. Weiss dans le *Journal des Débats,* qu'il y avait devoir pour ceux qui tiennent une plume de faire connaître cette vérité ; que tout alors dépend de l'intention, de la mesure qu'on apporte dans la révélation de la vérité, et que, si l'intention n'a rien d'hostile, il est permis de lever le voile qui cache des faits qu'une immense et inexcusable vanité peut seule expliquer. La justice ne prendra jamais en main la défense des vanités.

» La question est donc de savoir dans quels termes la *Gazette de France* a parlé de cette affaire ; si ce qu'elle a fait, elle l'a fait à bonne ou à mauvaise intention. C'est le 26 novembre qu'elle aborde ce débat qui occupait déjà la presse étrangère et la presse parisienne ; elle intitule son article : *Mésaventures du docteur Pamard. Mésaventures!* c'est un mot que personne ne saurait blâmer. Elle commence par reproduire la lettre même de M. Pamard, du 22 novembre. Il ne pouvait déplaire à M. Pamard que cette lettre fût rendue publique, puisqu'il l'avait adressée lui-même à la *Gazette des Hôpitaux* et au *Messager du Midi.* Nous devions croire que la publication de cette lettre serait agréable à celui qui l'avait écrite po r la publicité. La *Gazette de France* fait suivre cette lettre de celle écrite par le président de l'Académie de médecine et où se trouve ce mot si ambigu *compris,* qui, remplacé par le mot *élu,* eût immédiatement tranché le débat.

» Puis, la *Gazette* ajoute quelques observations qui ne sont pas seulement celles d'un homme d'esprit, c'est l'avis de tous, mais qui sont aussi pleines de mesure, c'est mon avis du moins.

Dans un numéro postérieur, la *Gazette de France*, continuant le rôle de rapporteur, reproduisait l'article de la *Gazette des Hôpitaux* qui disait que « le » bureau de l'Académie, justement ému des bruits qui portaient atteinte à la » considération d'un chirurgien de talent, avait voulu les faire cesser en lé- » gitimant la possession de son titre de membre correspondant de l'Académie » de médecine. »

M. L'AVOCAT IMPÉRIAL. N'est-ce pas postérieurement à la citation?

Mᵉ LABOULIE. C'est à la date du 10 décembre ; la *Gazette* a reproduit cet article quand elle l'a connu et sans qu'on le lui eût demandé. A supposer même qu'elle eût été déterminée, comme vous semblez le croire, par l'assignation. il faut reconnaître au moins qu'elle se prêtait de bonne grâce à réparer l'erreur dans laquelle elle pouvait croire être tombée, et c'est encore là une preuve de sa bonne foi. Il ne faut pas oublier qu'à la même date, un autre journal de médecine, *l'Union médicale*, donnait une version toute contraire et des plus hostiles dans un article signé carrément Amédée Latour,—lequel pourtant n'a pas été poursuivi. La *Gazette de France* avait donc sous les yeux les deux versions, elle a choisi la plus favorable à M. Pamard, ce qui n'a pas empêché qu'après avoir été mandée au parquet où elle a reçu un avertissement, la *Gazette de France* ne reçut, alors que cet excellent Janicot espérait en être quitte pour la peur, une citation à la requête de M. Pamard à comparaître devant votre justice. C'est en vérité à guérir de l'impartialité, car on reçoit des coups de tous côtés.

» J'ai donc à examiner si je suis coupable ou complice de diffamation. On ne saurait commettre de délit à son insu. *La Gazette de France* a-t-elle pu croire, lorsqu'elle rapportait simplement les faits dont la presse entière s'entretenait, qu'elle devenait diffamateur? Elle n'avait aucun motif d'en vouloir à M. Pamard ; son défenseur me rappelait même que M. Pamard était de mes amis ; il est vrai qu'il est sorti comme moi de la société des bonnes études, société que je trouvais excellente alors que d'autres la trouvaient mauvaise, lui reprochant de propager les doctrines des congrégations jésuitiques; —et c'est là un titre que je ne répudie pas, mais que lui répudiait hautement lorsqu'il vint, après 1830, à la tête d'une députation d'Avignonais, complimenter Louis-Philippe ; déjà avant il avait cousu sa vanité à la robe du docteur Bougon, et il put, grâce à cette protection, assister au sacre du roi Charles X, faveur que je ne pus obtenir; il est vrai qu'alors M. Pamard était bien mieux en cour que je ne l'étais. Depuis, M. Pamard nous a quittés. Ce n'est pas que nos principes ne fussent plus les siens, non; c'est tout simplement parce que la fortune nous a quittés. Je n'oublierai pas, en parlant de M. Pamard, que j'appartiens à ces vieilles opinions qui marchent les mains pleines de charités ; et d'ailleurs que faire à cela? Le docteur Pamard a suivi la mode de ce temps ; les félicitations qu'il adressait d'abord à la branche aînée, il les a portées à la branche cadette, et celle-ci étant venue bientôt à tomber, il les a déposées aux pieds d'une autre, voltigeant ainsi de branche en branche, ayant bien soin de se fixer sur celle qui, pour lui, est la meilleure de toutes; sur la branche où pousse la feuille aux bénéfices.

» Sa nomination à l'Académie de médecine ne peut avoir que deux caractères : ou c'est une affaire de pure vanité, et la justice n'a pas pour mission de venger les vanités blessées; ou c'est un fait considérable, et pourquoi alors la presse ne s'en occuperait-elle pas?

» Mon adversaire approche de plus près que moi ceux qui font les lois; qu'il veuille donc bien nous dire ce qu'on veut faire de la presse si on ne lui permet pas même de discuter les questions qui intéressent les mœurs publiques et la dignité des corps qui concourent à la gloire du pays. — Comment donc entend-on l'application de cette loi de 1852?...

M. LE PRÉSIDENT. La prévention s'appuye sur la loi de 1819.

Me LABOULIE. Amendée par celle de 1852; et le tribunal devra viser cette dernière dans son jugement... Je disais donc que si d'une part on interdit à la presse française les discussions politiques, si de l'autre on ne lui permet pas de s'occuper des événements qui surgissent dans le pays, si elle doit s'abstenir de toucher aux questions qui préoccupent l'opinion, je me demande quel rôle on lui réserve et quelle sera sa raison d'exister; il ne lui restera plus qu'à battre la grosse caisse à la porte des marchands de vulnéraire. Mais, nous dit-on, il y a des principes qui protègent la vie privée; vous devez les respecter. N'est-ce pas là une étrange erreur? La vie privée, c'est le foyer domestique, c'est le sanctuaire où se passent tous les détails qui constituent l'intimité de la famille. Quoi de plus public, au contraire, qu'une élection? Quoi de moins privé que le titre de membre d'une de nos académies? »

Abordant les faits particuliers de la cause, Me Laboulie rappelle à son tour qu'en 1825 M. Pamard a été élu membre correspondant de l'Académie de médecine. En 1827, M. Pamard, membre de l'Académie de médecine, meurt, et pourtant après 1827, bien qu'il n'y ait pas eu de nouvelle élection, on retrouverait un Pamard, membre de la même Académie. Il y a donc eu alors de 1825 à 1827 deux Pamard à Avignon, membres tous deux de l'Académie de médecine. Non, me dit mon adversaire. Quel était donc le Pamard élu en 1825? C'était Pamard père, le vieux chirurgien, fils lui-même de chirurgien, et qui avait fait ses preuves dans la science ? — Pas du tout, me répond mon adversaire, c'était Pamard fils ! — Mais il n'était encore qu'étudiant à Paris. — Qu'importe! — Mais voici l'acte de décès de Pamard père, on lui donne le titre de membre correspondant de l'Académie de

médecine. — Qu'importe encore, c'est une erreur que le fils a ignorée.—Oh !
permettez. Qui de nous ne sait, pour avoir eu la douleur de subir une, deux
ou trois fois dans sa vie une de ces épreuves, de toutes les plus cruelles,
qu'à cette heure terrible où, abîmé par la douleur, on voudrait pleurer en
silence, il faut subir les nécessités de la loi, et que c'est au fils lui-même
qu'on vient demander les indications pour dresser l'acte de décès du père.
Qui dira exactement l'âge du père si ce n'est le fils. Plus tard M. Barjavel de
Carpentras publie une biographie de M. Pamard et lui donne aussi le titre
de membre correspondant de l'Académie de médecine. Et notez que tous les
renseignements fournis à l'auteur n'ont pu l'être que par M. Pamard fils.
Comment M. Barjavel aurait-il deviné que M. Pamard laissait des manuscrits
et le sujet de ces manuscrits.

» La question, vous le voyez, est donc de savoir si l'Académie a élu deux
Pamard. Si elle n'en a élu qu'un, comme je vous apporte la preuve de sa
mort, il y en a évidemment un de trop. Aussi le fils vient vous dire que c'est
son père qui est de trop, ce qui ne me paraît pas très-respectueux, et pour
nous faire châtier comme diffamateur, il commet précisément à l'égard de
son père la diffamation qu'il nous accuse d'avoir commise envers lui. Il est
de notoriété publique que M. Pamard père prenait le titre de membre de
l'Académie de médecine; autrement, le greffier de la mairie l'eût-il inventé?

» L'amour-propre du fils exige aujourd'hui deux victimes : son père d'a-
bord, l'Académie de médecine ensuite, car il faut que celle-ci arrive à dire
que l'élection de 1825 a été faite avec une légèreté inqualifiable, qu'elle a
élu le fils croyant élire le père, de sorte que ce titre de membre correspondant de ce grand corps savant ne mérite guère de considération. C'est là,
messieurs, une œuvre à laquelle vous ne prêterez pas la main. Vous êtes
justes, vous n'avez pas de passions, si ce n'est celle de la justice, encore
moins de condescendance pour la vanité, et vous apprécierez que les journaux ont bien fait de signaler au tribunal de l'opinion cette plaisanterie
d'étudiant qui dure depuis 1825 et qui s'est trop prolongée pour que le moment ne soit pas venu d'y mettre enfin un terme. »

Mᵉ **MATHIEU** prend la parole pour répliquer.

« Si j'en croyais l'état de souffrance où je me trouve je n'essaierais pas de
répondre à la quadruple plaidoirie que vous venez d'entendre; mais je n'ai
pas le choix, j'ai défendu M. Pamard, je le défendrai encore et je trouverai
dans la conviction qui m'anime assez d'énergie et de foi pour compenser ma
faiblesse. Ce qui me rassure c'est l'attention soutenue que vous avez prêtée à
ces débats et qui me permet d'abréger ma tâche, sans que la considération
de M. Pamard en souffre. J'aurais peu de chose à dire, si ce n'était la der-

nière plaidoirie que vous venez d'entendre et où éclate avec tant d'évidence l'intention diffamatoire ; ces attaques ne sont-elles pas une réponse aux reproches qui se rencontraient dans la bouche de mon premier et éloquent adversaire d'avoir fait un indigne triage parmi les journaux qui nous avaient attaqué et de n'avoir pas par là respecté la dignité de votre magistrature et l'indépendance de vos cœurs.

» *L'Indépendance belge*, nous a-t-on dit, n'est pas ici et on s'en est fait une arme. M. Pamard peut savoir et son défenseur peut savoir que lorsqu'on a affaire à un diffamateur étranger on le traduit à sa barre. Tout le monde, il est vrai, n'est pas le prince Woronzoff. M. Pamard est d'ailleurs cloué par la souffrance sur un lit de douleur, et s'il n'est pas en mesure aujourd'hui d'intenter une action devant des tribunaux étrangers, que je respecte, mais auxquels je préfère les tribunaux de mon pays, soyez convaincus que le jour et l'heure viendront, et si elle n'est pas encore venue, c'est qu'en présence des nouveaux outrages qui avaient atteint M. Pamard alors qu'il avait provoqué une réparation, il y avait eu urgence pour lui à saisir la justice. Vous aurez apprécié les motifs de cette urgence, le Corps-Législatif est sur le point de s'assembler et il importait à mon client de terminer cette affaire avant de se présenter à la Chambre. J'aurais assigné *l'Indépendance belge*, dans quelles conditions l'aurais-je fait ? Vous savez que lorsqu'un étranger est justiciable des tribunaux français, et je pose en fait qu'il l'est, il faut observer des délais de distance. L'impatience de M. Pamard ne pouvait s'accommoder de cet ajournement. Voilà pourquoi *l'Indépendance belge* n'est pas ici.

» Mais en quoi son absence vous fait-elle défaut ? Est-ce que ceux qui l'ont inspirée ne vous ont pas inspirés vous-mêmes ? Quel préjudice vous cause son absence ? Etait-ce la peine de débuter à ce propos par des insinuations que je repousse avec indignation.

» A propos du droit des journaux, du privilège des écrivains, on vous a fait les théories, et j'ai recueilli les révélations les plus curieuses. On a parlé des nécessités et des devoirs de la publicité... Oui, les journaux ont des besoins... des besoins de copie. *L'Indépendance* a trouvé là une occasion d'amuser le public français, qui a toujours du sang gaulois dans les veines, et voilà comment M. Pamard a été livré en pâture à la malignité publique, et on voudrait innocenter l'intention ? Il est vrai que le rédacteur de la chronique du *Courrier du Dimanche*, venant à la suite, se pose en petit saint ; il ne s'est pas permis de juger la question, il a soumis des doutes ; s'il y a mis un peu les pattes, elles étaient si douces que les griffes se sentaient à peine ; c'est-à-dire que c'est là la pire des diffamations. Je ne veux pas me départir de la modération et de la courtoisie qui conviennent à mon ministère, mais je dois dire que c'est là l'hypocrisie dans la diffamation, et qu'on ne saurait trop se mettre en garde contre ces précautions de langage qui sont les précautions oratoires des gens de plume. Le défenseur de la *Gazette de France* invoque à son tour l'innocuité de ses intentions. « Moi, dit-il, je suis le plus benin des journaux. Qu'ai-je fait? J'ai reproduit la lettre de M. Pamard, puis l'article de M. L. Ulbach ; et quand je parle de la fameuse séance de l'Académie de médecine où a été consacré le titre de M. Pamard, j'adopte la version la plus favorable. Je suis donc impeccable, et vraiment vous avez bien tort de vous adresser à un journal aussi mouton que moi.»A cela je n'ai qu'un mot à répondre, c'est que votre impartialité a une date qui la condamne, elle est postérieure aux poursuites. Que parlez-vous de vos intentions après ce que vous avez plaidé? Vos rancunes sont évidentes ; le tort de M. Pamard c'est d'avoir été préféré au candidat de votre choix, à M. Léopold de Gaillard, le candidat du parti clérical.

Mᵉ LABOULIE. M. Léopold de Gaillard n'a jamais été le candidat de *la Gazette de France.*

Mᵉ MATHIEU. Si ce n'est celui de *la Gazette de France,* c'est celui de *l'Union.*

Mᵉ LABOULIE. Pas davantage.

Mᵉ MATHIEU. Je ne savais pas qu'il y eût tant de désunion au sein de ce parti si petit (murmures dans l'auditoire)..

Mᵉ MATHIEU. Se tournant vers l'auditoire : oui je le dis et je le répète, au sein de ce parti si petit je l'espère, si petit je le désire, si petit je le souhaite ardemment... quand je formule un sentiment personnel je ne savais pas devoir exciter les murmures qui viennent de se manifester...

M. LE PRÉSIDENT. Et qui sont très-inconvenants.

Mᵉ MATHIEU, le tort de M. Pamard est d'avoir été fidèle aux dieux de son passé, d'avoir assisté au sacre de Charles X où j'ai bien assisté moi-même et d'avoir ensuite marché avec son pays. Votre pensée s'est trahie dans ces rapprochements. Je me contenterai de faire remarquer qu'à l'époque du sacre de Charles X, M. Pamard venait de passer sa thèse, il avait 23 ans, c'était l'époque où un poëte illustre, et qui restera illustre, saluait à sa venue au monde, l'enfant du prodige; où un autre célébrait au milieu de ses odes et ballades les magnificences du sacre, ce qui ne l'a pas empêché depuis de se jeter à corps perdu dans la démocratie. Vous êtes des diffamateurs, et je reste persuadé que M. Louis Ulbach, lorsqu'il a écrit son article, n'avait pas fait les recherches qui ont amené la découverte de ces petits livres si rares qu'on ne les trouve même pas à la Bibliothèque de l'Académie de médecine, et que je me suis laissé dire que l'exemplaire tombé aux mains de mon adversaire est peut-être un exemplaire unique. M. Ulbach n'avait pas les documents, il n'avait sous les yeux que l'article de *l'Indépendance.*

« J'ai ici sur mon adversaire un désavantage bien grand que je suis pourtant tenté de considérer comme un avantage réel. Je suis avocat, rien de plus. Je n'ai pas un de ces noms qui ouvrent les sanctuaires de la science et permettent de recevoir les confidences des plus grandes illustrations scientifiques ; mais si je suis tenté de m'en plaindre, je suis tenté aussi de m'en applaudir, car alors pas plus que mon adversaire je ne céderais peut-être à la tentation de me transformer en témoin dans la cause et de venir dire : tous ceux que j'ai interrogés m'ont affirmé que ce n'était pas Pamard fils, mais son père qu'ils entendaient nommer en 1825. Ce serait là une tentation fâcheuse qui change les rôles et ajoute aux inégalités naturelles qui existent entre nous. Voilà pourquoi je m'applaudis de n'avoir pas un de ces noms illustres et d'impérissable mémoire. »

Mᵉ Mathieu prétend que l'Académie de médecine avait seule qualité pour se plaindre, et que, du moment où elle ne déniait pas à M. Pamard fils le droit de se dire son correspondant, ce n'était pas aux journaux à prendre en mains une cause qui ne les regardait pas. Etrange prétention, en effet, que celle de ces écrivains qui voudraient être :

« Perpetuus populi privato in limine pretor. »

»L'Académie de médecine avait seule le droit de contester le titre de M. Pamard, et n'est-il pas étrange que M. Pamard soit amené aujourd'hui, par les attaques dont il a été l'objet, à se défendre, non pas devant l'Académie, mais devant votre tribunal.

Rentrant dans la discussion des faits, Mᵉ Mathieu prétend que M. Pamard n'a pas seulement pour lui la possession, mais qu'il a le titre; que c'est lui et non pas son père qui a été élu en 1825.

« La question ne doit pas se poser comme l'a posée mon adversaire, qui l'a déplacée à plaisir : il ne s'agissait pas de choisir entre le vieux chirurgien qui eut un nom illustre et le jeune étudiant de 22 ans. Seulement l'Académie, à la recommandation du docteur Bougon, ami de son père, aurait fait accepter le jeune homme qui n'était encore que docteur en chirurgie, mais qui devait plus tard se montrer digne de l'honneur que lui faisait une savante compagnie. Si M. Velpeau, écrivant à M. Pamard, ne lui a pas toujours donné le titre de membre correspondant de l Académie de médecine, il lui écrivait un jour : « Comment, vous membre correspondant de l'Académie de médecine, vous ne lisez pas ses bulletins ! Vous mériteriez la corde ! » — M. Pamard fils a assisté d'ailleurs aux séances de l'Académie en 1832 ; l'eût-il osé faire en présence de ceux qui ont nommé son père ?

» Si M. Pamard père avait pris de 1825 à 1847 le titre de correspondant de l'Académie de médecine, je comprendrais que mes adversaires en tirassent argument. Ils invoquent, il est vrai, l'acte de décès où ce titre est donné à M. Pamard ; mais par qui ? est-ce par son fils ? Non, mais par celui qui a fait dresser l'acte par M. le maire d'Avignon.

» J'arrive aux petits livres, à ces petits Annuaires à l'aide desquels on comptait m'embarrasser beaucoup et qui renfermeraient le poison qu'on a distillé contre M. Pamard. Ces Annuaires ne se trouvent même pas à la Bibliothèque impériale. Il est vrai que sur l'un de ces Annuaires on voit le nom de M Pamard au nombre des correspondants décédés de l'Académie de médecine, et par une singularité que je ne me charge pas d'expliquer, on maintient sur la liste alphabétique des correspondants le nom de Pamard. Je dois ajouter que sur la liste des correspondants du dé artement de Vaucluse, on ne trouve plus le nom de Pamard. Ce petit livre est donc à la fois oui et non. Si c'est là un fa t qui soit l'œuvre de l'Académie, si elle a été amenée à rayer le nom de Pamard comme décédé, ce nom ne se retrouvera plus sur les Annuaires ultérieurs. Eh bien, je prends l'Annuaire de 1839, je trouve sur la liste alphabétique le nom de Pamard ; à la vérité, il ne se trouve pas sur la liste spéciale des correspondants du département de Vaucluse. Mais comment se fait-il que plus tard, en 1846, le nom de Pamard reparaisse sur les Annuaires ?...

» Mᵉ EM. ARAGO. Il est déjà ressuscité en 1843.

» Mᵉ MATHIEU. Non, il n'est pas ressuscité en 1843, mais il est bien près de l'être ; c'est en 1846 qu'il ressuscite ; car je le trouve cette année sur la liste alphabétique. Enfin Mᵉ Mathieu s'élève contre les interprétations auxquelles a donné lieu le mot *compris* par lequel l'Académie se serait tirée d'embarras ; c'est porter atteinte à la dignité d'un corps qui compte les noms si éminents de Laugier, Dubois, Cruvelhier, Devergie, Bousquet, Daniau. De tels hommes auraient eu l'incroyable courage de se tirer d'affaire par un subterfuge et pas un n'aurait protesté contre une échappatoire dont l'hypocrisie tourne à la honte de l'Académie plus encore qu'à la honte de M. Pamard. Je déclare ces hommes indignes de cette équivoque sur laquelle les journalistes se sont jetés comme sur une proie. Quoi ! c'est parce que la lettre porte ces mots : « L'Académie vous a *compris* depuis 1825 au nombre de ses corres-» pondants... » que vous osez dire que M. Pamard est l'usurpateur de ce titre que précisément l'Académie entend consacrer ? Tant que l'Académie ne déniera pas le titre de M. Pamard, personne au monde n'a le droit de le lui contester. Mᵉ Mathieu persiste dans ses conclusions.

» M. LE PRÉSIDENT. La parole est à M. l'avocat impérial.

» M. L'AVOCAT IMPÉRIAL ROUSSELLE. En venant résumer ce débat, mon intention est de me placer au point de vue des principes. La justice n'entend pas sans doute méconnaître la liberté qui doit être laissée à nos écrivains, dont le talent et la verve satyrique sont une des gloires de not e pays : la question est de savoir s'arrêter à temps lorsqu'ils rencontrent en face de leur plume les droits et la liberté d'autrui ; mais elle ne peut admettre que les priviléges de l'esprit aillent jusqu'à choisir, au gré des passions ou pour satisfaire le goût de leurs lecteurs, les victimes de leurs attaques, ni qu'ils aient mission de dénoncer à la malignité publique les ridicules de la vanité.

« MM. les rédacteurs de journaux présenteraient-ils d'ailleurs les qualités d'impartialité nécessaires pour exercer ce redoutable ministère, surtout quand il s'agirait d'adversaires politiques? Dira-t-on qu'on n'a eu d'autre intention que de fournir un amusement au public? Qu'on y prenne garde : sous la forme comique, on peut dire les choses les plus amères, et pour provoquer le rire, on aura ouvert des plaies qui saigneront longtemps, on aura fait souffrir l'honneur d'un citoyen. La justice, elle, ne flétrit pas un homme avant de l'avoir entendu, elle ne peut non plus rechercher un coupable au delà d'un certain nombre d'années. Pour les attaques par la voie de la presse, il n'y a pas de prescription : vous serez attaqué à raison d'un fait qui remonte à 36 ans. Qu'importe que les témoins soient morts, que les documents aient été dispersés, et que vous ne puissiez venger votre honneur attaqué? C'est là un droit qu'on ne saurait reconnaître.

M. Pamard est né en 1802, il a rendu des services ; il a bien mérité de l'humanité comme médecin en chef des hôpitaux d'Avignon. L'année dernière, il a été nommé député. On ne triomphe pas sans froisser des rivalités. D'Avignon, des renseignements ont été transmis à *l'Indépendance belge*. Le défenseur de M. Pamard vous a expliqué comment il n'avait pas commencé par poursuivre *l'Indépendance*. On imputait à Pamard d'avoir usurpé le titre de membre correspondant de l'Académie de médecine, d'avoir négligé d'informer l'Académie du décès de son père. M. Pamard s'est adressé à l'autorité compétente, à l'Académie, et lui a demandé si c'était avec ou sans droit qu'il prenait le titre de correspondant. On ne saurait se dissimuler que l'élection faite en 1825 présente un caractère d'ambiguité et d'irrégularité. L'Académie n'était pas alors aussi formaliste qu'elle l'est aujourd'hui. Si on s'en rapporte au témoignage de M. Velpeau, qui a eu le jeune Pamard pour interne alors qu'il était chef de clinique, le jeune étudiant aurait alors fêté par un punch sa nomination comme membre de l'Académie.

Si l'élection de 1825 a été irrégulière, elle a reçu une consécration en 1829, époque à laquelle l'Académie, par une circulaire adressée à tous ses correspondants, a demandé à tous leurs noms, prénoms, âge et adresse. Si l'élection a été informe, elle a été régularisée lors de ce travail de révision qui a dû être fait avec le plus grand soin. M. Pamard accuse alors 25 ans ;

on n'a donc pù le confondre alors avec son père et on n'eût pas manqué de s'apercevoir de l'erreur. En 1832, M. Pamard s'est présenté lui-même à l'Académie, sans donner lieu à aucune protestation.

» L'Académie, consultée de nouveau en 1858, à la suite du premier article publié par *l'Indépendance* sur la validité du titre, a répondu que depuis 1825 elle avait toujours compris M. Pamard fils au nombre de ses correspondants. On a dit que cette expression *compris* avait quelque chose de problématique; nous la retrouvons dans la correspondance de l'Académie. M. Pamard croyait donc jouir sans conteste d'un titre qui n'avait été attaqué que par *l'Indépendance belge*, lorsque le 18 novembre parut dans ce journal un article ou pamphlet, où l'ironie était distillée de main de maître, dans une prose qui n'était pas indigne de Beaumarchais. La pensée de l'auteur de cet article était peut-être de faire expier à M. Pamard de récents succès. Aussitôt le grelot attaché, ce fut comme une sorte de charivari dans toute la presse parisienne. Le 24 novembre parait dans le *Courrier du Dimanche*, sous la signature de M. Ulbach, un article reproduit dans la *Gazette de France*, puis dans le *Charivari*, sous la signature de M. Clément Caraguel. M. Pamard traduit aujourd'hui comme diffamateurs tous les auteurs de ces articles. Au fond, quel est le fait qui ressort de tous ces articles ? Celui d'avoir usurpé un titre scientifique. C'est bien là l'imputation d'un fait de nature à nuire à la considération. Cette attaque était-elle légitime? Des conclusions ont été déposées dans lesquelles on a demandé à faire la preuve des faits allégués.»

M. l'avocat impérial, discutant la loi du 17 mai 1819, soutient que la diffamation n'ayant pas été dirigée contre un agent ou un dépositaire de l'autorité publique, il n'y a pas lieu à ordonner la preuve. Il ne s'agit que d'un simple particulier.

Examinant ensuite les articles publiés par chacun des journaux, M. l'avocat impérial, tout en rendant hommage au talent distingué de M. Louis Ulbach, constate que l'outrage a été d'autant plus cruel que la plume a été plus habile, et il a, dit-il, le regret d'avoir à requérir contre lui l'application de la loi. M. Ulbach prétend que l'Académie a été mystifiée; il fait un rapprochement plaisant, mais ironique, avec l'initiation du malade imaginaire, il parle enfin de supercherie.

« Quant à la *Gazette de France*, plus sérieuse de sa nature, elle cherche moins à amuser les électeurs qu'à les mystifier. Nous n'admettons pas l'excuse plaidée en son nom, à savoir que lorsqu'un article injurieux a été édité par un journal, il soit permis aux autres de se l'approprier. Nous ne savons aussi comment concilier la bonne foi invoquée en sa faveur avec la preuve qu'on a essayé de faire à l'audience des faits diffamatoires.

»Quant aux articles du *Charivari*, le premier est un pastiche spirituel digne de la plume de Clément Caraguel, auteur aimé du public; plus tard le même journal revient habilement sur le même fait en publiant une lettre qu'il a reçue de Carpentras et signée *Carcassonne*. Nous avions pensé tout d'abord que c'était là une forme assez adroite pour reprendre la même plaisanterie. M. Caraguel affirme que la lettre est authentique, soit; c'est qu'alors il existe à Carpentras des personnes qui manient fort agréablement la plaisanterie et qui sont dignes d'être les collaborateurs du *Charivari*.

» Vous établirez des distinctions entre ces divers journaux contre lesquels nous requérons l'application de l'art. 13 de la loi du 17 mai 1819.

» Quant aux dommages-intérêts, nous nous en rapportons à la sagesse du tribunal. Ces dommages-intérêts sont réclamés contre des écrivains qui ont des titres à la reconnaissance et à l'estime publiques, et nous pensons que l'intention de M. Pamard doit être moins de réclamer des dommages-intérêts importants que d'obtenir une réparation pour son honneur outragé.

Me EMMANUEL ARAGO réplique en ces termes :

« Je ne sais pas, messieurs, si je me fais illusion; mais la vive réplique de l'avocat de Me Pamard et le réquisitoire remarquable que vous venez d'entendre, n'ont pas eu le pouvoir, je le dis très-franchement, d'ébranler la conviction qui m'anime. Ayant à répondre à deux adversaires, si je ne devais laisser en arrière un certain nombre de faits dont on vous a parlé, je risquerais d'être fort long, j'abuserais peut-être de la bienveillance que m'accorde le tribunal. Je n'en retiendrai donc que quelques-uns, les principaux, les plus sérieux, si tant est qu'il y en ait, et je m'efforcerai d'être bref, net, précis.

» Cependant, avant d'en venir aux principales objections par lesquelles on a essayé de détruire les preuves formelles, irrécusables, que j'ai mises sous vos yeux, il me faut répondre à une interpellation qui m'a été adressée par mon adversaire. Me Mathieu a dit d'abord : « Je ne comprends pas cette » accusation qui me blesse d'avoir fait un triage dans les journaux traduits » à cette barre. »

» Vous ne comprenez pas ! Mais le fait est évident; mais personne ne peut le nier. J'ai apporté ici, non pas un journal, mais un nombre considérable de publications périodiques qui ont traité M. Pamard dans des termes bien autrement sévères que ceux dont vous vous indignez si fort; et quand vous limitez votre plainte aux journaux actuellement en cause, je ne serais pas en droit de dire que vous avez fait un triage! Oui, je le répète, vous avez fait un triage, que vous avez cru habile, en vous attaquant à des journaux d'une certaine espèce. Vous nous avez donné la préférence sur les journaux de médecine, *la France médicale*, *l'Union médicale* et les autres, pourquoi cela ?

— il faut lever ici tous les masques, — d'abord afin de dire qu'il y avait dans cette cause des passions mauvaises, des ardeurs politiques, afin de frapper de suspicion ceux qui la défendaient, — ensuite parce que vous redoutiez de vous trouver en face des journaux spéciaux, des organes habituels du monde médical, de ceux qui ont qualité pour prendre en main la défense des corps savants et qui avaient une autre autorité, qui étaient en possession d'autres documents que ceux que nous pouvions avoir.

» Oui, si vous n'aviez pas eu cette crainte, c'est à eux d'abord que vous deviez vous adresser, puisque vous portiez le procès devant la justice française, puisque vous n'osiez pas le porter à Bruxelles et traduire directement *l'Indépendance belge*, que vous menacez depuis tantôt trois ans. Me trompé-je ? N'avez-vous pas écrit que la plainte était déjà lancée alors qu'elle ne l'était pas ? Aujourd'hui, vous venez parler de délais, de distance : M. Pamard est malade, il ne peut se rendre à Bruxelles, et d'ailleurs il lui faut un résultat avant la réunion du Corps-Législatif !... Pitoyables raisons, tout cela ! Vous avez supposé que soigneux de leur dignité, les membres du Corps-Législatif voudront savoir eux aussi ce qu'il y a de vrai dans la qualité qu'il s'arroge et qu'on l'accuse d'avoir usurpée. Mais est-ce que vous croyez par hasard que quelque respect que doive inspirer la décision que va rendre le tribunal, cette décision les éclairera ? Vous venez de plaider que c'était ici une affaire de diffamation, que la preuve ne pouvait être admise. Et cependant c'est avec le jugement que vous sollicitez, basé sur des débats qui ne seront pas publics, pour lesquels vous invoquez le huis clos légal, que vous voulez vous présenter au Corps-Législatif lorsqu'il sera appelé à vérifier vos pouvoirs ! N'avais-je donc pas raison de dire que votre but,—et il est maintenant plus évident que jamais, — c'était de vous faire nommer membre de l'Académie de médecine par la police correctionnelle ?

» J'entendais aussi l'adversaire parler au tribunal de la maladie de M. Pamard et chercher à l'intéresser à une situation qui serait le fait du journal que je défends. Que, faisant un procès à *l'Indépendance belge*, que, déférant à la justice ce que vous appelez ses pamphlets, vous veniez dire qu'ils ont produit sur votre client une impression telle que sa santé en aurait été atteinte... je le comprendrais à la rigueur. Mais cela à nous !... nous rendre responsable de la maladie de M. Pamard : cherchez les dates, et vous verrez que lorsque M. Pamard a été frappé de cette attaque dont parle votre certificat, il n'avait pas pu lire encore l'article que nous avons publié.

» Et si, en dehors des écrits, il m'est permis de chercher des témoignages et d'invoquer des personnes, voici ce que j'ajouterai :

» Trois ou quatre jours après l'insertion de l'article dans le *Courrier du Dimanche*, une personne que je pourrais nommer est venue trouver M. Ulbach et lui dire · Vous avez parlé de M. Pamard dans des termes qui lui ont été pénibles. M. Pamard était malade; je suis son ami, je viens vous demander qu'il ne soit plus question de tout ceci. M. Ulbach comprend ce langage, et il répond : J'ai parlé de cette affaire, parce que tout le monde s'en occupait, parce qu'il y avait là un fait grave qui relevait de la publicité; mais maintenant je n'irai pas plus loin; l'article que j'ai publié a été le premier, il sera le dernier.

» Il a tenu sa parole... et on l'a cité en police correctionnelle. Voilà comment nous nous sommes conduits, voilà comme on s'est conduit avec nous, comparez !

» Ce petit fait ainsi réduit a sa valeur, j'arrive à un autre reproche.

» *L'Indépendance belge* et vous, nous a-t-on dit, c'est même chose. il y a même chez vous une culpabilité plus grande.

» *L'Indépendance* a attaqué ouvertement; vous, malicieusement, en souriant, vous avez commis — le mot a été dit — une diffamation hypocrite.

» L'épithète n'est pas heureuse et elle ne saurait plus mal s'appliquer qu'au procès actuel et à l'homme que j'ai l'honneur de défendre ici.

» Et sous l'empire de quel mobile aurait-il écrit? Des passions politiques? Quelle passion politique M. Ulbach peut-il nourrir contre M. Pamard? Vous disiez tout à l'heure, malicieusement vous-même, que les suggestions venaient de là (Me Arago se tourne vers Me de Laboulie), c'est-à-dire de M. Léopold de Gaillard, que vous avez qualifié vous-même de candidat clérical, ultramontain. Je vous réponds que, pour nous, nous n'avions pas de préférence dans l'élection de Vaucluse. Si nous avions eu parmi les candidats un organe des principes libéraux, démocratiques, j'aurais compris l'argument. Mais nous, *Courrier du Dimanche*, nous Ulbach, nous n'avions pas plus de sympathie pour M. de Gaillard que pour M. Pamard : nous n'avons vu qu'une chose, une énormité qui intéressait la dignité d'un corps savant, la moralité publique, et que nous avions le droit, le devoir, de signaler à tous.

» Et à ce propos, messieurs, permettez-moi de vous citer ici l'opinion non pas d'un homme politique, mais d'un jurisconsulte, d'un auteur qui fait autorité dans les matières de presse : « Il ne saurait en droit et en équité,
» dit M. Parant, y avoir de diffamation de la part de celui qui, en publiant
» un fait pour en obtenir réparation ou pour le signaler à la justice.......
» satisfait à un devoir. »

» M. Parant a raison : il n'y a pas seulement ici-bas des devoirs imposés par les fonctions, il y en a qui sont imposés par la conscience, et quand un écrivain qui compte avec lui-même, qui a le respect de la profession libérale qu'il exerce, qui sent la responsabilité morale qu'elle lui fait vis-à-vis du public, quand il voit un homme se parer d'un titre et qu'il sait que ce titre a été sourdement usurpé, c'est un devoir presque étroit pour lui de signaler l'usurpation et d'appeler la lumière. C'est ce qu'a fait M. Ulbach — en souriant;—c'est un tort;—il aurait dû le faire avec indignation. Oh ! je suis ici de l'avis de mon adversaire, le fait n'est pas plaisant, non : il est odieux !

»Un mot encore, pour en finir avec les considérations préliminaires, sur un reproche qui me touche personnellement.

» Vous avez, s'est écrié mon adversaire, un nom qui vous sert heureusement, grâce auquel il vous est donné de pénétrer dans les sanctuaires de la science : et sous cette égide vous avez apporté à cette barre des témoignages, mis en jeu des personnes qui n'auraient pas dû y être; or, c'est là une situation mauvaise.

Je réponds que ce nom auquel on a fait appel et que je n'entends pas invoquer par d'autres sans qu'il fasse vibrer chez moi, non pas la fibre de la vanité, mais celle d'un juste orgueil, ce nom dont je prendrai toujours à tâche de me rendre digne, je le remercie, je le bénis, et je me félicite que, guidés par lui, des hommes éminents soient venus me trouver et me dire : La cause que vous soutenez est bonne ; ce que vous affirmez est vrai, et nous sommes heureux de faire passer par cette bouche, l'écho d'une bouche qui n'a jamais menti, les preuves de la fausseté du titre que M. Pamard revendique et qui ne lui appartient pas !

» J'aborde maintenant les faits relatifs à ce qu'on a appelé la possession d'État.

» J'avais dit : si M. Pamard argue de la prescription, il faut reconnaître que la possession n'a pas été constante, qu'elle a été souvent interrompue,— et mon adversaire de prendre l'argument au sérieux, et de soutenir laborieusement que M. Pamard est nanti, par possession d'état, du titre d'académicien. Vous l'avez vu, en conséquence, produire des recueils et vous citer les endroits, les circonstances où M. Pamard avait pris la qualité que nous lui contestons.

» Eh ! mon Dieu, vous comprenez bien que si M. Pamard ne s'était jamais paré du titre de membre correspondant, nous ne serions pas ici. Quand j'apportais des documents où le le nom de M. Pamard n'était pas accompagné de ce titre, était-ce pour prouver qu'il ne le prenait jamais ? Point : c'était pour prouver qu'il ne le prenait pas d'une façon constante, entendez-vous ! que jaloux comme il l'était de sa qualité de membre de l'Académie, il n'aurait pas manqué de l'inscrire partout et toujours ; mais non, il choisissait le moment opportun, il tâtonnait, il prenait le titre quand il l'osait, il s'abstenait quand il y avait danger : son usurpation était accidentelle, il y avait chez lui intermittence d'audace.

» L'adversaire est ensuite revenu sur l'élection originaire, sur la prétendue inéligibilité de M. Pamard père. Il n'était, dit-il, que maître-ès-chirurgie : il a oublié que nous lui avions démontré, preuves en mains, que les maîtres-ès chirurgie n'étaient pas exclus de la liste des candidats, qu'on y admettait même des officiers de santé, et, que des hommes illustres qui n'étaient que maîtres-ès-chirurgie avaient été élus sous cette désignation, sans avoir modifié leurs titres . Andral, Dubois et d'autres que nous avons cités; nous avions rappelé encore que dans sa thèse, M. Pamard fils avait donné à son père le titre de docteur en chirurgie : mon adversaire a dit : c'est avec son cœur qu'il écrivait !—avec son cœur on fait un faux, avec son cœur on s'intitule faussement membre de l'Académie.

» Il ajoute encore : s'il y a eu des maîtres ès-chirurgie élus à l'Académie, c'est qu'ils faisaient partie de l'ancienne Société de chirurgie, et il cite comme exemple Andral père et quelques autres. Soit; mais votre père faisait aussi partie de cette société : c'est M. Barjavel qui le dit dans son livre : M. Pamard père était donc éligible au même titre que les autres.

» Petites raisons, tout cela ! La véritable raison, celle que le bon sens indique, c'est qu'il serait insensé de croire que lorsqu'il y avait là deux hommes, l'un Pamard père, un vieux praticien, connu par d'anciens travaux, chirurgien en chef de l'hôpital d'Avignon, l'autre un petit étudiant de vingt-trois ans, qui venait de passer sa première thèse, il y avait à peine un mois, cette réunion d'hommes éminents qu'on appelle l'Académie de médecine, ait laissé là le vieux pour aller prendre le petit jeune homme, à qui l'on aura notifié son élection dans je ne sais quel hôtel d'étudiants du Quartier-Latin !

» Car remarquez qu'il résidait à Paris ; or, les correspondants de l'Académie de médecine résident en province. Encore une impossibilité à laquelle vous n'aviez pas songé.

» Et puisque je suis sur ce chapitre de l'élection, puisque l'on en revient toujours au docteur Bougon, qui aurait recommandé Pamard fils à l'Académie, laissez-moi vous dire une fois pour toutes que, quelque Bougon que soit celui qui recommande, ce n'est pas lui qui pourrait avoir l'influence que vous dites; ce n'est pas lui qui présente, c'est le rapporteur, et le rapporteur n'était pas M. Bougon.

» Que M. l'avocat impérial veuille bien maintenant me permettre de rectifier une erreur qui lui est échappée.

» Il n'existe plus, vous a-t-il dit, qu'un seul témoin de ce qui s'est passé alors, et ce témoin, c'est M. Velpeau. M. l'avocat-impérial se trompe : M. Velpeau qui ne serait qu'un témoin extérieur, car il n'a été élu membre de l'Académie que sept ans après, M. Velpeau n'est pas le seul. Le premier témoin de tous, le rapporteur, il existe, c'est M. le professeur Moreau. Mon adversaire a dit : M. Moreau est vieux, sa mémoire est affaiblie par l'âge...

— Croyez-moi, M. Moreau a toute sa tête, vous ne le savez que trop vous-même, ses souvenirs sont exacts et précis. Je vous avais proposé ce moyen qui tranchait la question, je vous avais dit : allez le trouver, faites dire par M. Moreau non pas qu'il est certain que M. Pamard fils n'a pas été élu, mais seulement qu'il est possible qu'il ait été question de vous, et je vous donne cause gagnée.

» A cela qu'a répondu mon adversaire? Nous n'avons pas, a-t-il dit, accès comme vous auprès des hommes de la science. Allons donc, ce n'est pas sérieux : vous n'aviez, c'est moi qui vous l'affirme, qu'à frapper à sa porte, qu'à lui dire : « Je m'appelle avocat, je viens vous demander la vérité! » Il vous l'aurait donnée, soyez-en sûr, même contre nous.

» On est arrivé ensuite aux Annuaires, à ces petits livres, a-t-on dit, qui fourmillent de fautes, qui n'ont en eux aucune valeur, qui sont tellement rares qu'on n'a pu en trouver un exemplaire, même à la Bibliothèque impériale et à l'Académie de médecine.—On a mal cherché : il y en a un à l'Académie de médecine : j'en suis sûr, je l'ai eu entre les mains, on me l'a apporté et je l'ai rendu.

» Mais ils sont pleins d'erreurs, ces petits livres où, vous a-t-on dit, nous sommes allé chercher le poison que nous avons distillé sur M. Pamard : ce qu'on entend par le poison, c'est la vérité; or, s'il est quelqu'un que la vérité empoisonne, eh bien! ma foi, tant pis pour lui!

» Erreurs? voyons.

» Il y a, comme je l'ai dit, dans ces petits livres une double liste, d'abord la liste générale des membres correspondants, puis la liste par départements. J'ai expliqué que sur la liste générale il était possible que des erreurs eussent été commises, que des noms eussent été oubliés, mais qu'il était impossible qu'il en fût de même pour les listes partielles qui ne contiennent que deux ou trois noms par département. Or, je vous ai montré que, pendant une série de plusieurs années, le nom Pamard figure sur la liste générale par ordre alphabétique, mais que si l'on se rapporte à l'autre liste, on voit que le nom a disparu, — et puis, enfin, pour expliquer le tout, vient la liste des décédés sur laquelle se trouve Pamard.

Erreur ? j'admets l'erreur sur la liste générale, je comprends qu'on ait oublié de rayer un nom; mais que, par erreur, par inadvertance, on soit allé inscrire un mort alors qu'on ne sait pas qu'il est mort, voilà, par exemple, ce que vous ne ferez pas admettre.

» L'argument des Annuaires reste donc décisif, écrasant, inébranlable.

» C'est encore à une erreur — car M. Pamard ne voit partout que des erreurs — qu'il attribue la mention faite sur l'acte de décès de son père.

»Le fils, vous a dit Me Mathieu, n'a pas donné lui-même les indications qui ont servi à dresser l'actemortuaire : soit, je l'admets avec vous. Mais vous avez remarqué que l'un des deux témoins qui ont fait la déclaration était M. Chauffard. C'est votre cousin, ce n'est pas votre ami, dites-vous ; mais on était alors en 1829, et s'il y a entre vous des inimitiés, je crois pouvoir affirmer qu'elles sont plus récentes.

» M Chauffard était-il bien informé quand il a fait cette déclaration ? Vous l'avez rappelé vous-même, il avait été nommé membre correspondant en même temps que Pamard, et certainement quand il a fait consigner sur l'acte de décès la qualité de membre correspondant, il était l'homme du monde qui le savait le mieux, et il y avait à cela une raison que je vais vous dire.

» M. Chauffard avait été porté le premier sur la liste de l'Académie de médecine : il fut nommé et il se passa alors un fait qui est resté dans la mémoire de l'Académie comme quelque chose de parfaitement honorable et de parfaitement digne. Dès qu'il apprit sa nomination, il écrivit : « Je suis heu-
» reux et confus de l'honneur qu'on vient de me faire ; mais mon bonheur
» ne sera complet que lorsque je verrai à mes côtés un homme éminent,
» lorsqu'en le nommant l'Académie aura réparé ce qui n'est qu'un oubli. »
Et en effet, l'oubli était réparé en 1825. Or croyez-vous que par les paroles que je viens de dire, M. Chauffard entendît désigner le petit jeune homme qui allait boire du punch avec Velpeau en l'honneur de l'élection de son père ?

» Je sais tout ce que l'on peut dire de M. Velpeau. M. l'avocat impérial invoquait tout à l'heure son témoignage tel que le rapporte le compte rendu d'un comité secret rédigé dans *l'Union médicale*. Si l'on avait lu jusqu'au bout, on aurait vu comment cette déclaration a été accueillie par l'Académie. Il y est question d'un mot en réponse que M. Trousseau a prononcé de sa place. Je l'ai demandé, ce mot, à Trousseau... il me l'a dit : je ne veux pas le répéter ici.

» Et puisque l'on a parlé de l'attitude de l'Académie, je veux, moi aussi, m'expliquer sur ce point.

» Il y a quelque chose de vrai dans ce qu'a dit mon adversaire, c'est que le titre de membre correspondant n'a pas la même importance que celui de membre résident. Ceux-là sont au nombre de 500 et vous comprenez très-bien qu'à chacun qui se présente on ne demande pas de justifier de sa qualité. Il dit : je suis membre correspondant. — Eh bien ! entrez, assistez à la séance — et s'il se glisse parfois un faux frère, il ne se trouve pas toujours à point nommé un Brutus pour le sacrifier.

» Mais une fois la question soulevée, quand l'attention de l'Académie est sérieusement éveillée, ah ! les choses se passent autrement, et quand on est venu arguer tout à l'heure de ce fait,que M. Pamard avait été porté sur la liste des candidats au titre d'associé national, on a produit un argument qui retombe sur lui. M. Pamard est un médecin distingué, un homme influent et cependant il n'a pas été élu. Demandez pourquoi ?

» Il a siégé à l'Académie, dites-vous ! Eh bien! qu'il y retourne ! J'affirme, moi, qu'il n'y retournera pas.

» C'est à l'Académie, avez-vous ajouté, que la question doit se discuter et vous vous étonniez de la voir portée devant la police correctionnelle. Mais qui donc a appelé l'autre ici ? Oui , je suis d'accord avec vous, oui, il faudra que l'Académie se prononce, et quand elle sera saisie du débat, vous verrez si vous réussirez à faire passer dans sa décision là conviction que vous avez! Et ici, messieurs, permettez-moi d'appeler votre attention sur une situation qui peut devenir grave. Si, par impossible, vous veniez à déclarer que M. Pamard est membre correspondant et que l'Académie, quand une discussion sérieuse s'engagera de nouveau devant elle, déclarât, elle, qu'il ne l'est pas, quelle impression fâcheuse ne serait pas la conséquence de ces deux décisions contradictoires ?

» Et maintenant, moi, qu'ai-je fait? J'ai exprimé des doutes alors qu'il n'y en avait pour personne. Après avoir vu ce qui s'était passé dans le comité secret, après avoir lu les journaux belges, les journaux de médecine, je n'ai pris parti pour personne, je me suis borné à me faire le rapporteur du débat. Est-ce que ma bonne foi n'est pas évidente? est-ce qu'elle ne suffit pas pour me protéger?

» *L'Indépendance belge* a parlé, *l'Indépendance* que l'on menace toujours et qu'on ne touche jamais. — On a parlé bien haut d'un procès, on ne le fera pas, j'affirme qu'on ne le fera pas. — Puis, voilà la *France médicale* qui dit à son tour : « Il faut que l'Académie se prononce : son bureau ne peut rester sous cette imputation d'être la dupe ou le complice d'une fraude, il faut que M. Pamard se lève et proteste. » Devant qui ? pas devant la police correctionnelle apparemment. Je lis cela, je suis en mesure de porter à l'Académie le défi de changer le mot *compris* en celui de *nommé*, de modifier cette lettre qui a été arrachée à force de sollicitations—je ne dirai pas à sa faiblesse, mais à sa complaisance, — je vois, je sais, et j'écris l'article si réservé, si discret que vous connaissez!

» Cet article, vous allez le juger; vous rejetterez ces considérations tirées d'une animosité politique qui n'existe pas; vous ne verrez là qu'une question qui importe à l'honneur et à la dignité du pays; vous verrez, vous saurez ce que nous savions quand nous avons pris la plume; vous vous direz que l'acte dont nous nous sommes emparé n'est pas un acte de la vie privée, pas un acte qui touche au foyer de la famille! Quoi ! un homme se dira colônel, membre de l'Académie des sciences, membre de l'Académie de médecine, et si on veut lui prouver le contraire, il invoquera les lois qui protégent la vie privée ! C'est là ce que vous n'admettrez pas. Vous direz qu'un tel homme et qu'un tel acte relèvent de la discussion, et que celui qui écrit a le droit, a le devoir de le dénoncer à l'opinion indignée.

» Voilà, messieurs, la vérité. En examinant une dernière fois cette affaire, en recherchant les monuments de la jurisprudence, j'y vois que vos devanciers et la Cour de cassation ont maintes fois reconnu qu'il est des faits de telle nature que la bonne foi des écrivains les met à l'abri de toute pénalité.

» Lorsqu'on porte la robe d'avocat on a l'amour du droit, la passion de la justice. Presque toujours, lorsque nous venons plaider devant vous, nous croyons que nous plaidons une chose juste, mais enfin des doutes planent sur la cause, et c'est vous qui dites la vérité et nous nous inclinons.

» Mais dans cette affaire, si vous condamnez, je ne dis pas que je ne m'inclinerai pas devant votre décision, mais je ne sortirai de cette enceinte que très-profondément affligé.

» Me **CHAUDEY.** Je ne veux dire qu'un mot, mes conclusions répondant au reste. M. Pamard s'étant paré d'un titre honorifique, a agi dans un caractère public. Une élection à l'Académie relève de la discussion publique. »

Audience du 15 janvier.

Le tribunal a rendu, à l'ouverture de l'audience du 15, le jugement suivant :

« Statuant sur la demande en preuve formulée dans les conclusions prises par Lapp, gérant du *Courrier du Dimanche* ;

» Attendu qu'aux termes de l'article 20 de la loi du 26 mai 1819, nul ne peut être admis à la preuve des faits diffamatoires ;

» Que la loi de 1819, modifiée, quant au mode de preuves seulement, par l'article 28 de la loi du 17 février 1852, n'admet d'exception à ce principe que dans le cas d'imputations dirigées contre des dépositaires ou agents de l'autorité, ou contre toutes personnes ayant agi dans un caractère public et pour des faits relatifs à leurs fonctions ; mais que l'interdiction de la preuve reste absolue pour les faits relatifs à la vie privée d'un simple citoyen ;

» Attendu en fait que l'imputation dirigée contre Pamard consiste à dire qu'après la mort de son père il se serait emparé d'un titre scientifique et honorifique appartenant à celui-ci ;

» Que c'est là une attaque dirigée contre un acte de la vie privée ;

» Que dès lors la preuve demandée par le prévenu Lapp, non plus que celle offerte par le demandeur, ne peuvent être accueillies, et qu'en l'état de la législation, le tribunal n'a pas à décider si le demandeur a usurpé le titre qu'on lui conteste ou s'il en a été régulièrement investi, mais à rechercher si l'imputation dont il se plaint s'est produite avec les caractères constitutifs de la diffamation ou de l'injure publique ;

» Dit qu'il n'y a lieu de s'arrêter aux conclusions prises par le gérant du *Courrier du Dimanche :*

» Et statuant au fond,

» Attendu que Lapp, gérant du *Courrier du Dimanche*, a publié dans le numéro du 24 novembre 1861 un article signé Louis Ulbach, et dans lequel l'écrivain impute à Paul Pamard d'avoir usurpé le titre de membre correspondant de l'Académie de médecine qui aurait été conféré à son père le 5 juillet 1825, et d'avoir, en négligeant d'avertir l'Académie du décès de ce dernier, continué d'envoyer et de recevoir des communications sous un titre qu'il se serait attribué sans droit et de sa propre autorité ;

» Attendu qu'Aubry-Foucault, gérant de la *Gazette de France*, a reproduit, dans son numéro du 26 novembre dernier, ledit article, signé Louis Ulbach :

» Que Louis Huart, dans les numéros des 27 novembre et 5 décembre dernier du journal *le Charivari*, dont il est le gérant, a, dans deux articles signés Clément Caraguel, également reproduit l'imputation livrée à la publicité par le journal *le Courrier du Dimanche ;*

» Attendu que le fait imputé à Paul Pamard par Lapp, Aubry-Foucault et Louis Huart, est de nature à porter atteinte à l'honneur et à la considération du demandeur ;

» Qu'il avait déjà été publié en 1858, et qu'à cette époque il avait motivé, de la part de Pamard, des explications à la suite desquelles le journal qui l'avait accueilli a reconnu publiquement avoir été trompé par un correspondant *calomnieux ;*

» Qu'en le livrant de nouveau à la publicité en 1861, au moment de l'élection de Pamard au Corps-Législatif, Lapp, Aubry-Foucault et Huart se sont faits, dans l'intention de nuire au demandeur et sans vérification sérieuse, l'écho de propos diffamatoires et anonymes de la presse étrangère, et qu'en s'associant, soit à des rancunes locales, soit à des inimitiés politiques, ils ont commis envers Pamard le double délit de diffamation et d'injures publiques ;

» Attendu que Louis Ulbach, qui a signé l'article du *Courrier du Dimanche*, reproduit par la *Gazette de France*, et Clément Caraguel, qui a signé les deux articles du *Charivari*, se sont rendus complices desdits délits, en fournissant sciemment à Lapp, Aubry-Foucault et Huart les moyens de les commettre ;

» Attendu qu'il y a lieu de faire une différence, dans l'application de la peine, entre le gérant et l'écrivain du *Courrier du Dimanche*, qui ont été les promoteurs de la diffamation, et ceux de la *Gazette de France* et du *Charivari*, qui n'ont fait que suivre la voie tracée par les premiers;

» Leur faisant application des art. 18 et 19, § 2 de la loi du 17 mai 1819 et des art. 59 et 60 du Code pénal,

» Condamne Lapp et Ulbach chacun et solidairement à 1,000 fr. d'amende;

» Aubry-Foucault à 500 fr. d'amende;

» Huart et Clément Caraguel chacun et solidairement à 500 fr. d'amende;

» Et attendu que par suite de la diffamation dont il a été l'objet, Pamard a éprouvé un préjudice dont il lui est dû réparation; que le mode de cette réparation doit être le même que celui à l'aide duquel la diffamation s'est produite, c'est-à-dire la publicité.

» Ordonne l'insertion du présent jugement dans le *Courrier du Dimanche*, la *Gazette de France* et le *Charivari*, dans cinq autres journaux de Paris, au choix du demandeur, ainsi que dans *le Mémorial de Vaucluse*, et dans un journal de chacune des villes de Marseille, Lyon et Montpellier;

» Condamne en conséquence les susnommés, à titre de dommages-intérêts et par corps avec la même solidarité que celle ci-dessus fixée, à rembourser à Pamard, sur simples quittances, les frais des dites insertions;

» Fixe à six mois la durée de la contrainte par corps, et condamne les cinq prévenus aux dépens. »

L'Indépendance belge a accompagné le compterendu des débats qu'on vient de lire de l'article suivant, publié en feuilleton dans ses numéros des 17-18 janvier, et que nous croyons devoir également reproduire, afin de compléter les détails relatifs à cette curieuse affaire :

TOUJOURS LES TITRES ACADÉMIQUES DE M. PAMARD.

L'affaire Pamard, dont nous avons déjà eu à entretenir plusieurs fois nos lecteurs, vient de recevoir un premier dénoûment devant la sixième chambre de la police correctionnelle de Paris. Nos lecteurs savent que M. Pamard avait attrait devant cette juridiction le *Courrier du Dimanche*, le *Charivari* et la *Gazette de France*, sous prétexte de diffamation, pour avoir résumé le feuilleton dans lequel *l'Indépendance* avait examiné les titres de ce chirurgien à se dire membre correspondant de l'Académie impériale de médecine de Paris. Pourquoi M. Pamard s'en est-il pris aux journaux français, ou plutôt à certains journaux français, — car il a laissé en dehors de la poursuite les journaux spéciaux de médecine qui s'étaient aussi occupés de l'affaire — au lieu de s'en prendre à *l'Indépendance?* Pourquoi, faisant le procès en France, et réclamant la petite bagatelle de *cinquante mille* francs de dommages-intérêts, a-t-il choisi la juridiction correctionnelle au lieu de la juridiction civile qui pouvait, tout aussi bien que l'autre, lui allouer ces dommages-intérêts ?

Pourquoi? Parce que M. Pamard redoute avant tout la publicité, la lumière; parce qu'il prévoyait que les débats seraient écrasants pour lui; qu'il en ressortirait la preuve éclatante, péremptoire, qu'il n'a jamais été élu membre de l'Académie impériale de médecine. Il fallait donc s'adresser à une juridiction qui, d'une part, pût déclarer n'avoir pas à tenir compte de l'exactitude ou de l'inexactitude des faits réputés diffamatoires, et devant laquelle, d'autre part, les débats dussent avoir lieu sinon à huis clos, du moins sans publicité aucune par voie de la presse.

En France, en effet, la loi défend la reproduction des débats qui ont lieu devant la police correctionnelle pour les procès en diffamation. En choisissant cette voie pour poursuivre le *Courrier du Dimanche*, le *Charivari* et la *Gazette de France*, M. Pamard était donc sûr que s'il parvenait à gagner son procès, en tout ou en partie, devant le tribunal, — dans le cas où les juges interpréteraient la loi en ce sens qu'ils n'avaient pas à tenir compte des preuves irrécusables mises sous leurs yeux, de la complète exactitude des faits révélés par *l'Indépendance* et reproduits par ces journaux, — M. Pamard savait, disons-nous, que si, pour ces motifs, il gagnait en tout ou en partie son procès devant le tribunal, il ne s'exposait pas à le perdre devant l'opinion publique, puisque le public ne pourrait pas avoir connaissance des débats.

Mais ce n'est vrai, du moins, que pour le public français. Nous avons fait recueillir aussi textuellement, aussi impartialement que possible les plaidoiries de l'avocat de M. Pamard et des défenseurs des journaux incriminés, ainsi que le réquisitoire du ministère public, et nous les publions dans un double supplément joint au présent numéro. Ces débats ne remplissent pas moins de seize de nos colonnes, mais ils offrent assez d'intérêt pour qu'il n'y ait pas un seul de nos lecteurs qui se refuse à les lire, et il n'en est pas un seul non plus, nous en avons l'assurance, qui, après les avoir lus, ne soit parfaitement édifié sur la valeur des titres académiques de M. Pamard. Dans tous les cas, nous avons sur le prétendu académicien cet immense avantage de mettre impartialement toutes les pièces sous les yeux du public, tandis que lui, depuis l'origine de cette affaire, n'a eu qu'un soin, n'a tendu qu'à un but : empêcher la lumière de se faire, étouffer toute publicité.

Nous devons donc, à notre grand regret, priver nos abonnés de France de ce supplément, car son envoi ne pourrait avoir d'autre conséquence que de les empêcher de recevoir leur journal, le numéro qui contiendrait ce supplément ne pouvant manquer d'être arrêté par l'administration, puisqu'il constituerait une infraction à la loi française. Nos abonnés français doivent se rappeler, en effet, que, tout récemment encore, un de nos numéros a été saisi parce qu'il contenait le compte-rendu du procès de M. le marquis de Flers, bien que, depuis, l'administration ait jugé convenable de faire publier ce même procès dans les journaux judiciaires.

Nous avons dit pourquoi M. Pamard a attrait les journaux français devant la police correctionnelle. Il nous reste à dire pourquoi il ne s'en est pas pris à *l'Indépendance*, en dépit de toutes les menaces qu'il nous a adressées depuis quatre ans. C'est encore et toujours par peur de la publicité en France.

La loi française, en effet, défend bien la publicité des procès en diffamation plaidés devant les tribunaux français, mais elle ne défend pas et ne peut pas défendre, le bon sens le dit assez, le compte rendu des débats qui ont lieu à l'étranger, dans des pays surtout où, comme en Belgique, la publicité de ces débats est permise. Si M. Pamard venait nous attaquer en Belgique, le compte rendu du procès qu'il nous intenterait pourrait donc *légalement* circuler en France dans les colonnes de *l'Indépendance*; le bon plaisir seul de l'administration pourrait y mettre obstacle. Or, si sévère que se montre l'administration française pour la presse, nous avons la conviction qu'elle ne se constituerait pas d'office le champion de M. Pamard, et qu'elle ne s'opposerait pas, dans le seul but d'être agréable à ce pseudo-académicien, à la circulation du compte rendu, quand la loi ne l'interdirait pas. Le public français saurait donc alors à quoi s'en tenir, et c'est là ce qui effraie si fort M. Pamard.

Quoi qu'il en soit, nous avons le regret d'annoncer que le tribunal correctionnel de la Seine, considérant le fait imputé à M. Pamard comme un acte de la vie privée, a refusé d'accueillir les preuves administrées par les défenseurs, en se fondant sur ce qu'il n'était pas appelé à décider si M. Pamard a usurpé ou non le titre qu'on lui conteste; en conséquence, il a condamné nos confrères parisiens à une forte amende, pour le fait seul de l'imputation, sans tenir compte de l'exactitude ou de la fausseté de cette imputation. Quant à la demande de cinquante mille francs de dommages-intérêts introduite par M. Pamard, le tribunal en a fait justice en ne s'en occupant même pas. Il n'a rien alloué du tout.

Nous avons l'habitude de nous incliner devant tous les arrêts de la justice. Aussi n'ajouterions-nous rien aux réflexions qui précèdent, s'il n'y avait dans le texte même de ce jugement un paragraphe qui concerne spécialement *l'Indépendance* et qui réclame impérieusement une explication de notre part. Cette explication, comme tout en cette affaire, tournera à la confusion de M. Pamard, et il est probable que si le tribunal l'eût connue, il ne se fût pas appuyé sur le considérant dont il s'agit, pour condamner nos confrères.

Ce considérant est ainsi conçu :

« Attendu que le fait imputé à Paul Pamard avait déjà été publié en 1858,
» et qu'à cette époque il avait motivé, de la part de Pamard, des explications
» à la suite desquelles le journal qui l'avait accueilli (*l'Indépendance*), a re-
» connu publiquement avoir été trompé par un correspondant *calom-*
» *nieux,*... etc. »

Oui, cela est vrai, en 1858, *l'Indépendance* inséra une rectification favorable à M. Pamard, et l'histoire de cette rectification est assez curieuse pour être racontée.

Un de nos correspondants nous avait mandé, sans nommer personne, cette histoire d'un médecin devenu académicien par droit de naissance. M. Pamard se reconnut et nous adressa, par l'intermédiaire d'un ami, une demande de rectification accompagnée de cette fameuse lettre où le bureau de l'Académie déclare avoir toujours « compris » M. Pamard au nombre des membres de la docte assemblée, depuis 1825. Nous avouons qu'à cette époque la célébrité de M. Pamard n'était pas parvenue jusqu'à nous, nous ignorions jusqu'à son nom, nous ne savions pas si le correspondant qui nous avait envoyé l'historiette avait voulu parler de ce monsieur ou de tout autre ; l'ami qui intervenait au nom de M. Pamard nous assurait, au contraire, que le fait était inexact ; nous n'y attachions pas assez d'importance pour prendre l'initiative d'une enquête ; bref, nous n'hésitâmes pas, en l'absence de toute preuve contre les assertions de M. Pamard, à faire une rectification dans laquelle nous ne nommâmes personne, puisque personne n'avait été nommé dans la correspondance que nous rectifiions.

Mais à peine cette rectification était-elle faite, que de toutes parts, de Marseille, d'Avignon, de Montpellier, de Paris, nous recevions une foule de lettres dans lesquelles on nous demandait ce qui pouvait nous avoir porté à démentir un fait complétement exact, un fait de notoriété publique dans tout le Midi, et, à Paris, au sein de l'Académie de médecine elle-même. Et ces lettres étaient accompagnées de détails, de preuves, de documents tels que, pour nous, le doute devint impossible ; il était évident que notre loyauté avait été surprise et que nous avions été victimes de notre confiance dans les assertions de M. Pamard.

Nous réfléchissions sur ce qu'il nous restait à faire, lorsqu'une bonne fortune nous advint. M. Pamard, encouragé par son premier succès auprès de nous, devint de plus en plus exigeant. Il pensa que l'occasion était bonne pour se faire reconnaître académicien *urbi et orbi*. Il déclara donc que notre rectification — cette rectification qu'il présente aujourd'hui comme péremptoire, comme répondant à tout, comme notre condamnation prononcée par nous-mêmes — il déclara, disons-nous, que cette rectification était insuffisante, dérisoire, et qu'il lui était impossible de l'accepter ; qu'il exigeait que *l'Indépendance* publiât textuellement et la lettre qu'il nous avait adressée et celle du bureau de l'Académie ; qu'à *cette condition seule il consentirait à ne pas nous poursuivre devant les tribunaux*. Pour éviter toute dénégation, nous déclarons à M. Pamard que nous avons encore entre les mains la lettre signée de lui où tout cela se trouve.

Nous l'avons dit, c'était pour nous une bonne fortune. M. Pamard avait surpris à notre bonne foi une rectification injuste ; il voulait plus encore, et nous menaçait des tribunaux si nous ne lui donnions pas plus ample satisfaction. Nous avions maintenant les mains pleines de preuves ; il ne nous déplaisait pas de les produire publiquement devant les tribunaux ; nous résolûmes d'attendre l'exécution des menaces de M. Pamard.

Hélas ! nous attendîmes longtemps, toujours. M. Pamard avait espéré nous intimider : nous ne fîmes pas ce qu'il nous sommait de faire, sous menace de procès, et le procès ne vint pas.

Enfin, quatre ans après, au mois de septembre dernier, alors que nous avions oublié depuis longtemps M. Pamard et ses prétentions académiques, Pharès réveille cette histoire dans nos colonnes, sans se douter lui-même qu'il en avait déjà été question, car il n'était pas notre collaborateur en 1858. Là-dessus, nouvelle lettre d'intimidation de M. Pamard. Celle-là, nos lecteurs la connaissent. Le 30 septembre, M. Pamard nous menace de nouveau des tribunaux si nous ne lui donnons pas satisfaction ; bien plus ! si nous ne lui faisons pas des excuses! Nous nous abstenons des deux choses, et nous attendons près de deux mois l'effet de ces nouvelles menaces. Mais, comme les autres, elles restent à l'état de lettre morte, et il faut que ce soit nous qui, le 18 novembre seulement, provoquions de nouveau, à cette place, l'examen des titres académiques de M. Pamard.

Voilà l'histoire de cette rectification de 1858, dont M. Pamard se fait aujourd'hui un si grand argument. Avons-nous eu tort de dire que, comme tout en cette affaire, elle tournerait à la confusion de M. Pamard?

Quant à nos confrères parisiens, nous ne pouvons croire qu'ils restent sous le coup de ce jugement, si peu satisfaisant qu'il soit, en somme, pour M. Pamard. Nous supposons qu'ils interjetteront appel, et il nous paraît impossible que la Cour impériale sanctionne la doctrine admise par le tribunal de 1re instance, à savoir que l'usurpation du titre de membre d'une institution publique, auquel on ne peut parvenir que par l'élection, constitue un simple acte de la vie privée que la presse n'a pas le droit de signaler. Comment! un individu se parera indûment du titre de membre du Corps-Législatif, par exemple; il se servira de cette qualité pour imposer à ses concitoyens, pour se faire une situation dans le monde, et la presse n'aurait pas le droit de divulguer un pareil fait et d'administrer la preuve que cet individu n'a jamais été élu, qu'il n'est pas membre de l'Assemblée dont il prétend faire partie; la presse ne pourrait pas dénoncer la fraude sans s'exposer à être frappée d'une amende, pour le service qu'elle aurait rendu à la société! Or, ce qui est vrai pour le Corps-Législatif ne l'est pas moins pour une Académie reconnue par le gouvernement, ayant des priviléges, un budget soldé par l'Etat, constituant, en un mot, nous l'avons dit, une institution publique, aussi bien que le Sénat ou la Chambre des Députés.

Cela nous rappelle, au reste, que M. Pamard a été élu récemment, — et réellement élu, cette fois, — membre de cette dernière assemblée. Dans quelques jours, ses pouvoirs devront être vérifiés, et il ne nous paraît pas douteux que ses collègues, qui ont éliminé M. Migeon pour un fait analogue, — une usurpation de titre aussi, — ne tiennent à être édifiés sur la situation exacte de M. Pamard. Le Corps-Législatif ne pensera pas probablement, comme le tribunal, qu'il n'a pas à s'enquérir de l'exactitude ou de la fausseté des imputations dirigées contre le maire d'Avignon. Eh bien! qu'il ordonne une enquête, qu'il interroge l'Académie impériale de médecine elle-même; nous osons parier qu'il ne s'y rencontrera pas dix membres pour soutenir les prétentions de M. Pamard. Est-ce que son silence, au milieu de ces débats, n'est pas assez significatif? Croit-on que si elle considérait M. Pamard comme un des siens, elle y assisterait impassible? Est-ce qu'elle n'aurait pas protesté énergiquement en sa faveur? Est-ce qu'elle permettrait qu'on déniât à un collègue un titre qu'elle lui aurait décerné? Qu'on essaie de diriger pareille accusation contre un autre membre de l'Académie, véritablement élu, et l'on verra quelle protestation un fait de cette nature provoquera de la part de la docte assemblée; on verra avec quelle ardeur elle revendiquera ce collègue que la calomnie voudrait lui ravir. Elle se tait.

Pourquoi? Parce qu'elle sait que la cause de **M**. Pamard n'est pas la sienne, et qu'il n'y a rien de commun entre elle et ce monsieur.

En voilà assez, trop peut-être; mais nos lecteurs comprendront que *l'Indépendance*, dont il a été beaucoup question dans le procès dont nous rendons compte, bien qu'elle ne fût pas en cause, ne pouvait se dispenser de donner ces explications. Elles étaient nécessaires surtout pour nos abonnés de France, auxquels la loi ne nous permet de communiquer, des débats, que le texte du jugement.

BIBLIOTHÈQUE IMPÉRIALE IMPR.

www.ingramcontent.com/pod-product-compliance
Lightning Source LLC
Chambersburg PA
CBHW061751050726

47598CB00002B/705